エコノミメーシス

[ポイエーシス叢書] 54.

Jacques Derrida　Economimesis

ジャック・デリダ

湯浅博雄・小森謙一郎 訳

未來社

目次

■凡例

- 原則として、原文における大文字で始まる語は〈 〉、《 》は「 」で表示した。また、イタリック体は傍点を付して示した。ただし、読みやすさを考慮して、適宜、〈 〉を用いた箇所もある。ハイフンでつながれた語については、〈 〉で示した場合がある。
- 簡単な説明を挿入したり、語句を補ったりする場合には〔 〕を用いた。また、訳語のあとに原語を示す場合には［ ］を用いた。ただし、原著者が補っているカントのドイツ語は（ ）で示している。
- ☆は原著者による註で、ページ下に付した。また、★は訳者による註で、本文の後にまとめて掲出した。

エコノミメーシス

装幀——戸田ツトム

カントの純粋趣味判断の批判においては、ある種の規則的な無規定性のおかげで、純粋なモラル性と経験的教養主義とが結び合わされている。それゆえある一つの政治学［une politique］が、なるほどそれは舞台の前景を占めているわけではけっしてないにせよ、この言説を突き動かしているのである。それを読むことができなければならない。ある一つの政治学とある一つのポリティカル・エコノミー［une économie politique］とが、アート〔技術＝芸術〕および美に関する言説全体のなかに、たしかに織り込まれている。しかし、そのような織り込みの最も際立った特性を、どうやって見分ければよいのか。そのモチーフのいくつかは、かなり長期的な時代系列に属しており、プラトンやアリストテレスにまで遡る強大な伝統に連なっている。とはいえ、そうしたモチーフはまた、もっと短期的な別の系列とも緊密な仕方で絡み合っている。すなわち、プラトン的ないしアリストテレス的なアートの政治学のうちには収まりきらないような、もっと短期的な時代系列である。しかし、系列の選別をしたり、その時間的な長さを計ったりするだけでは十分ではない。新たな体系に折り込まれると、長期的な系列〔に含まれていたモチーフ〕は自らの位置をずらし、意味と機能を変える。ひとたび異なる網の目のなかに導入されてしまえば、「同じ」哲学素もはや同じものではないし、そもそも哲学素が自らの機能に基づいた働きの外で同一性をもったことなどけっしてない。同様に、「前代未聞の」哲学素も、仮にそんなものがあるとすればの話だが、遺産相続された哲学素と連結されて構成されるやいなや、そのあらゆる接触面、そのあらゆる折り目において、一定の作用を被ることになる。私たちは、ある哲学的特性を厳密な規準をもって画定することはできないし、一つの総体を、あるいは一つの体系の本来性＝固有性をなんらかの枠組みをもって限界づけることもできない。そのような境界画定の企て自身が、すでにある一つの全体に帰属しているのであり、そういう全体はなお思考すべきままにとどまっているのだ。そして（ある一つの全体への）帰属というこの概念は、パレルゴンの構造[★1]によって変形され、さらには解体されることになるのである。[☆1]

ミメーシスとしての産出

私たちはこうしてもう一度、いくつかの事例のなかに、いずれにせよきわめて特殊ないくつかの場のなかに、出発点をとってみることにする。その際、ある種の操作に従うけれども、それは、すでに了解された理由ゆえに、経験的でもなく、超経験的［métempirique］でもない操作である。

☆1 Cf. *Le parergon*, in *Digraphe* 2 et 3〔一九七四年四月発行の *Digraphe* 誌第二号には « Le parergon » (pp. 21–57) が、同年八月発行の同誌第三号には « Le sans de la coupure pure (Le parergon II) » (pp. 5–31) が、それぞれ発表されている。後日、これらは « Parergon »（「パレルゴン」）の第二章および第三章としてまとめられ、*La vérité en peinture*, Paris, Flammarion, 1978（『絵画における真理（上）』高橋允昭・阿部宏慈訳、法政大学出版局、一九九七年）に収録された〕。

　そうした場は、今、ここでは、二つある。この選択はエコノミメーシスという概念によって動機づけられている。一見したところでは、ミメーシスとオイコノミア〔エコノミー〕とが協同して行なうことなどなに一つない。しかし、重要なのはその逆を示すこと、すなわち両者のあいだの体系的な結合を提示することである。しかじかの規定された政治経済＝ポリティカル・エコノミーとミメーシスとの結合ではない。ミメーシスは、さまざまに異なる政治経済的諸体系と、しかも一見互いに対立している諸体系とさえ、折り合いをつけることができるのである。なお、私たちは経済（エコノミー）なるものを循環的経済（制限された、限定的なエコノミー）として規定することもしないし、一般的経済〔ジェネラル・エコノミー〕として規定することもしないままにしておく。[★2] というのも、これは仮説だが、これら二つの経済のあいだに対立が成り立ちえないとすれば、ここにすべての難しさが凝縮されることになるからである。それら二つの経済のあいだの関係は同一性でもなければ、矛盾でもなく、なにか別様のもの［autre］であろう。

　先に述べた二つの特殊な場は、通常の意味での経済に関わる言表によって示唆される。そこでは、どちらの場合にも、賃金が問題となっている。こんな賃金に関わるような指摘は、『判断力批判』において稀なものである。しかしこのことは、そうした指摘を無意味なものとみなす理由にはならない。むしろ、逆である。賃金（サラリー）に関する二つの指摘に挟まれるかたちで、ミメーシスについてのカントの全理論が展開されているのだとしたら、それははたして偶然の構築であろうか。たまたま巡り合わせによってそう構成されているだけであろうか。

一方の指摘は、第四三節（「アート一般について」）に見出される。そこでは、報酬のアート〔技術＝芸術〕（*Lohnkunst*）に対立するものとして、自由な（あるいはリベラルな）（*freie*）アートの定義が行なわれている。他方は、第五一節〔「芸術の分類について」〕にあり、一つの補足的説明のなかで、賃金について触れられる。そこでは、次のように明言されている。すなわち、芸術［Beaux-Arts］においては、精神は自らに従事し、自らを高揚させ、自らを満足させるのでなければならず、他のいかなる目的をも考慮してはならないし、あらゆる賃金から独立していなければならない、と[★3]。

最初の指摘は、アート一般の定義の過程で現れてくる。その定義は、この書物においてかなり遅まきのものである。そこまでは美と趣味判断が扱われていた。さまざまな事例はアートから借用されていたのであるが、それと同様に自然美もそうした事例を、趣味判断の理論に対して提供することが可能であっただろう。その前の節では、自然美の優越性が、モラル的な観点から、趣味判断とモラル的判断のアナロジーに依拠することによって、正当化されていた。このアナロジーの背景に読みとれるのは、「暗号で書かれた言葉」（*Chiffreschrift*）である。すなわち自然が「その美しいフォルム〔諸形式〕を通じて象形的に（*figürlich*）われわれに語りかける」言語である。〔そうした美しい諸形式は〕自然のリアルな署名なのであり、これらの署名のおかげで、私たちはまさに自然をアートによる産出とみなすことになるのだ。このように、整序された諸法則に応じて、自然は一つのアートとして称讃されるのである。けっして偶然によって称讃されるのではない。ヘーゲルがここで逆のことを言うように見えるとしても、つまり美とはアートの美しかないと言うとしても、自然とアートのあいだのアナロジーは、いつものように、和解の原理を提供しているのである。★4

アートとはなにか。カントは、テクネー［technē］とピュシス［physis］の対立に、つまり長いあいだ相続され、堅固になり、単純化されてきた対立に賛同しつつ、まずもって次のように答えるように思われる。すなわち、アートは自然ではない、と。自然の側には力学的＝機械的必然性があり、アートの側には自由の戯れがある。その中間に、一連の派生的な規定のすべてがある。しかしこの対立は、アナロジーによって、無効にされる。アナロジーは、アートが産出するもの、野生的なまでに自由なものを、自然の指図のもとにおく。そうした指図がなされる場こそ天才なのであり、天才を通じてアートは自然からその規則を受け取るのである。この点において、反ミメーシス的なすべての命題、模倣に反対するすべての非難は、その基盤を掘り崩されてゆく。自然を模倣すべきではない。しかし、自然は〔アートを産み出す〕天才に自らの規則を指し示すことによって、アートを通じて自らを折り畳み、自分自身へと回帰し、自らを反射・反映させるのである。鏡像のようなこうした〔自然の〕自己折り畳み＝自己反射によって、一方では、反省的判断力の原理が与えられる――つまり自然は、個別＝特殊なものから発して進んでゆく歩みのなかで、合法則性を保証している[★5]。そして同時に、他方では、密かにミメーシスに頼ることが与えられる。つまり、アートによる自然の模倣ではなく、なによりもまずピュシスの自己折り畳みが、言いかえれば自然の自己への関係が、与えられるのである。それゆえ、ここにはピュシスとミメーシスの対立はもはやなく、したがってピュシスとテクネーの対立ももはやない。私たちは今や、このことを検証してみなければならない。

第四三節の冒頭には、こう書かれている。「アートは自然から区別される。成すこと＝作ること（*Thun*）（*facere*）が、ふるまうこと（*Handeln*）や動くこと＝結果をもたらすこと（*Wirken*）（*agere*）一般から区別されるのと同じように。また前者の産出物（*Produkt*）ないし帰結である作品（*Werk*）（*opus*）が、後者の産出物である効果＝結果（*Wirkung*）（*effectus*）から区別されるのと同じように。」

こうした比例によるアナロジーは、一見すると還元不可能ないくつかの対立の上に構築されている。いかにしてそうした対立は、いつものように、最終的に自らを消してしまうのだろうか。また、それはいかなるポリティカル・エコノミーを利することになるのだろうか。

自らを抹消するためには、いつものように、対立は自らを産み出し、伝播し、増殖していかねばならない。こうした進行過程を、辿ってみる必要があろう。

アート一般（つまり、さきほど挙げられた〔ピュシスとテクネーという〕対立する二項のうちの一方）の内部で、ある別の区分が生じ、それが一連の区別を産み出している。それらの区別の論理構造は、無意味なものではない。つまり、諸項間にあるのは、対称性（シンメトリー）ではなく、むしろ規則的な階層秩序（ヒエラルキー）なのである。それゆえ、二項を区別すると、上位のものと下位のものとが分類されることになる。カントはここで二つのアートを区別して定義しようとするが、そのやり方は、二つの現象を示し、その一方が他方よりもいっそう本来的な意味で「アート」であることを明らかにする、というものである。

こうして、自然からアートを区別した後すぐに、カントは続けて、自由の産出、自由による産出（*Hervorbringung durch Freiheit*）のみを、「アート」と呼ぶべきであろうと言明している。本来的な意味におけるアートは、自由意思（*Willkür*）を作動させ、活用する［met en œuvre］のであり、その行為（アクト）の根底に理性を置いている。したがって、アートとは、本来的な意味では、自由な存在の、そして理性＝言葉をもつ存在［*logon ekon*］のアートだけを指す。つまり、蜜蜂の産出物（「規則的に構築された蜜蜂の巣」）は、アート作品ではないのである。人間主義的テーマの、またそれと混ざりあっている存在論-神学のこうした尽きせぬ繰り返し。つねに一つか二つの教科書的な事例によって動物性一般を扱うこうした蒙昧主義的な呟き——つまり、あたかも唯一の「動物的」構造だけが、理性、自由、社会性、笑い、言語、法、象徴体系、良心＝

意識、無意識、等々を十分に備えた人間的構造に対立しているかのように、動物性一般を扱うこうした蒙昧主義的なおしゃべり。これらを通してわかるのは、アート概念もまたそのような〔対立の〕保証のために構築されている、ということである。この概念がそこにあるのは、人間を昇格させるため、つまりつねに人間‐神へと昇格させるためであり、「低い」ものによる汚染を避け、人間学的に飼い馴らされた状態［domesticité anthropologique］の超えがたい限界をマークするためなのだ。こうした身振りのうちに、あらゆるエコノミメーシスは表象され、姿を現す（アリストテレスは言っている、人間のみがミメーシスの能力をもつのだ、と）。その狡知と素朴さ――人間の論理――は、次の点にある。すなわち、創発［émergence］（アート〔技術＝芸術〕、自由、言語などの創発[★6]）という絶対的な特権を救うために、こんな創発を一つの絶対的な自然主義、絶対的な非分化＝非差異主義のうちに基礎づけるという点、そうやって人間的産出性をどこかで再び自然化し、分化＝差異化を抹消してしまう、つまり〔自然とアート、動物性と人間性という〕対立のなかへと解消してしまう、という点にあるのである。

したがって、蜜蜂はアートをもたない。だから蜜蜂の産出が「アート作品」と呼ばれるとしても、それは「ただアナロジーによるにすぎない」（*nur wegen der Analogie*）だろう。アート作品はつねに人間のものなのである（*ein Werk der Menschen*）。

人間の能力、適性、特性＝固有性、定め（*Geschicklichkeit des Menschen*）であるアートは、今度は学問［science］から区別される。学的な知は一つの能力であるが、アートとは、知っているだけでは十分でないものである。つまり、どうすればよいかわかるために、またそれをすることができるために、知っているだけでは不十分なものである。カントが生まれた地域では、この点について普通の人間でも間違うことはない。コロンブスの卵の問題を解決することは、学問によるのであって、どうすればよいかわかるために知っているだけで十分である。奇術についても同様のことが言える。しかし、綱の上で踊ることに関しては、話は別である。それは成し遂げるべきものであって、知っているだけでは十分ではないのだ（「*In meinen Gegenden*〔私の生まれた地域では〕……」という、やや打ち明け話めいた注記のなかに、綱渡り芸人についての短い言及がある。思い切って決断し、跳躍しようとする者。進んでそこに自分を投入して寄与したいと思う者。カント、ニーチェ、ジュネ〔のテクスト〕は、そういう者のためにある[★7]）。

　学問から区別されても、アート一般（まだ芸術＝美しいアート［Beaux-Arts］は問題となっていない）は、手仕事＝手職（*Handwerk*）へと還元されるわけではない。手職はその労働価値を賃金と交換するのであり、それは報酬のアート（*Lohnkunst*）なのである。本来的な意味でのアートは、自由なもの、リベラルなもの（*freie*）である。その産出は交易＝商業［commerce］の循環のなかに、つまり需要と供給のエコノミー的循環のうちに入ってはならず、交換されてはならない。したがって、リベラルなアートと報酬のアートとは、一組の対立カップルをなしているわけではない。一方が他方に較べより高く、より「アート」的なのである。もうエコノミー的〔経済的〕な価値をもたない方が、より多くの価値をもつのだ。本来的な意味におけるアートとは「自由の産出」であるのならば、リベラルなアートこそその本質によりいっそう合致する。報酬のアートがアートに属するのは、ただアナロジーによるにすぎない。そしてアナロジーのこの動き＝戯れをたどっていけば、報酬のアートの産出性はまた、蜜蜂の産出性に類似することになる。すなわち、自由の欠如、規定された合目的性、有用性、規範(コード)の有限性、理性を欠き、想像力の戯れを欠いたプログラムの固定性、といった点において似ているのだ。手職の人間、労働者は、蜜蜂と同じように、戯れることがないのである。そして事実、リベラルなアートと報酬のアートの階層秩序化された対立は、戯れと労働の対立なのである。

前者〔リベラルなアート〕は、あたかも戯れとしてのみ、つまりそれ自身で快い活動としてのみ、合目的性をもつ（首尾よく成功する）ことができるかのようにみなされる。後者〔報酬のアート〕は労働として、つまり不快で（辛く）、ただその結果（たとえば賃金を得ること）によってのみ魅力的な活動、それゆえ結局のところ強制的に（*zwangsmässig*）課される活動として、受け止められるのである。〔第四三節〕

アナロジーの法則を辿ってみよう。

一、アートは人間に本来的なもの=固有なものであるならば、つまり自由であるものとしての人間に本来=固有なものであるならば、自由なアートは、報酬を与えられる労働よりも人間的であることになる。それはちょうど自由なアートが蜜蜂のいわゆる本能的な活動よりも人間的であるのとまったく同じである。自由な人間、この意味でのアーティストは、ホモ・エコノミクスではない。

二、自然におけるすべては、人間が動物的なもの・有機体的なものを利用するということをあらかじめ規定している（第六三節）。それと同様に、自由な人間は、人間の労働を、それが自由なものでない限りにおいて、たとえ強制的な仕方であったとしても、利用することができるはずである。こうしてリベラルなアートは、報酬のアートを（それに触れることなしに、つまりそこに巻き込まれることなしに）利用することができるはずであり、非経済 [l'anéconomie] は労働のエコノミー〔経済〕を利用する（有用なものにする）ことができるはずである。

三、戯れという価値が、純粋な産出性を定義している。美とアートは想像力に由来するのであるが、さらに〔それまでの議論に応じて〕想像力を二つに区別しなければならなかった★8。つまり、一方における産出的な想像力、すなわち自発的で、自由な、戯れる想像力と、他方における再生的=再産出的な想像力という区別である。

以上のような諸々の分析から結論を引き出すとすれば、一切は趣味＝嗜好という概念に帰着するということがわかるだろう。つまり、趣味とは、ある対象を、それがもつ関係、すなわち想像力の自由な合法則性［légalité］との関係において判断する能力であるが、そういう趣味という概念に帰するのである。いま、趣味判断において、想像力を自由なものとして考察しなければならないとすると、それはまず、連想の法則に服した再生的＝再産出的（*reproductiv*）なものとしてではなく、（可能的直観の任意な諸形式を創造する）産出的（*productiv*）な、そして自発的（*selbstthätig*）な想像力として捉えられる。たしかに想像力は、ある所与の対象を感官によって把捉する際に、その対象のもつ一定の形式に結びつけられる（*gebunden*）ので、その限りにおいては（詩におけるような）自由な戯れ（*freies Spiel*）をもつことはない。だが、しかし想像力は、まさにその対象のおかげで、多様な要素の構成を含んだ形式を自由に手にするようになる、ということはよく理解できる。つまり、想像力は、自分自身に委ねられて、悟性の諸法則一般と調和した仕方で、そうした〔多様な要素で構成された〕形式の素描を作る（*entwerfen*）ことができるようになる、ということである。

（「分析論第一章に関する全般的注記」）

アートの一種たる美しいアート［bel art］の頂点にあるのは、詩〔ポエジー〕である。そして詩こそ、自由な戯れを、つまり産出的な想像力のなかで自らを告げる戯れの自由を極限にまで押し進め、階層秩序の上位に位置づける。しかるにミメーシスは、むろん想像力の再生的＝再産出的操作のなかに介入しているのであるが、それだけではなく、さらにまた想像力の目白かつ純粋な産出性のなかにも介入してくる。想像力は、もっぱら自然を聴き取ること［écouter］、自然が口述するもの、自然が指図するものを聴き取ることによって初めて、その野生的な創造の力を発揮することができるのだ。こうして、ここで自然という概念は、それ自身、あの存在論－神学的な人間主義に奉仕するような仕方で機能している。すなわち、*Aufklärung*〔啓蒙〕の時代におけるエコノミーのあの蒙昧主義、リベラルな〔自由主義的な、気前のよい〕、と呼びうるエコノミーの蒙昧主義に奉仕するような仕方で機能しているのである。天才こそ芸術の審級をなす（「芸術［Beaux-Arts］は必然的に天才のアートとして考えられねばならない」（第四六節））。想像力の戯れの自由と純粋な産出性とを、その最高点にもたらすのは、天才である。天才は諸々の規則を与える。あるいは少なくとも例＝模範を与える。だが、しかし天才は、自分自身、自然によって自らの諸規則を指図してもらうのである。したがって、自由なアートと報酬のアートとの区別は、そしてそういう区別によって当然のように定められる、階層秩序化された、優劣関係の装置全体は、まさに自然を再生しているのだ。つまり、その産出行為における自然を再産出しているのである。こうした区別は、たしかに存在しているものの模倣［imitation de ce qui est］としてのミメーシスから手を切るとしても、それはただピュシスの自由な外向的展開－内向的折り畳み［déploiement-reploiement］に同一化するためだけにそうするのである。

自由なアートと手職（ハンドワーク）との対立（見かけ上の対立）を発展的に論じている段落〔第四三節第三段落〕は、注意深く分析しなければならない。自由なアートは、それ自体において快適な仕事である。リベラルなアーティスト——賃金と引き替えに労働するのではない者——は、自ら享受し［jouit］、同時に享受させる〔享受するべきものとして与える〕。直接的に、そうするのである。報酬を手にする者は、自らのアートを実践しているうちは、享受することはない。ここで問題となっているのは、ある種のヒエラルキーである。つまり自然の普遍法則によって指揮されている一般的な組織の内部における階層秩序である。だから、報酬を手にする者の非－享受（すなわち、彼の労働）は、リベラルなアーティストの享受に奉仕することになる。そして、報酬のアートを力づくでも課すものはなにかと言えば、それは究極のところ自然である。自然は天才に指令を発し、そしてあらゆる種類の媒介を通じて、一切のものに指令を与えるのである。〔自由なアートと手職を区別した〕すぐ後で、手職組合＝職能ギルドにおける「階層秩序」（*Rangliste*）について語りつつ、カントは次のように自問している。すなわち、時計師が行なうような活動を（自由な）アートとみなすべきか、それとも（報酬の）職人芸とみなすべきであるか、と。この問いは難しい問いであり、すぐさま遠ざけられる。〔この問いに答えるためには〕「別の観点」に、つまり「才能の割合」という観点に、立たねばならないだろう、というわけである。結局、厳密な規準は欠けているのだ。

同様に、カントはいわゆる七自由学科［sept arts libéraux］のうち、どれが学問のなかに位置づけられ、どれが手職のなかに位置づけられるだろうかという問いについて、「ここで深入りしたくない」と言う。中世の諸学部で教育された自由学科（リベラル・アーツ）（文法学、論理学、修辞学の *trivium*〔三学〕、算術、幾何、天文、音楽の *quadrivium*〔四科〕）は、そのどの科目においても、精神の作業＝労働が多くの比重を占めており、だから主として手を使う労働を必要とする機械的（メカニック）なアートに対立している。ところで、しかしリベラルなアートの（そして、自由な精神の）鍛錬のうちには、ある種の強制＝拘束が働いているのでなければならない。強制的ななにかが（この « *zwangmässiges* » という語はまた同時に、手職に課せられる強制＝拘束を示すためにも用いられるが）「メカニズム」（*Mechanismus*）として介入しているのでなければならない。もしこうした強制的な引き締め、こうしたきつい胴着［corsage］がなかったとしたら、リベラルなアートに生気や活力を与える精神は、「身体をもたなくなり、完全に雲散霧消してしまうだろう」。身体、強制＝拘束、メカニズム〔仕組み、機械仕掛け、機構〕。それらは、たとえばリベラルなアートのなかで最高位にある詩にとっては、語彙の正確さや豊富さ（*Sprachrichtigkeit*, *Sprachreichtum*）、あるいは韻律法（プロソディー）や押韻法（メトリック）であるだろう。リベラルなアートの自由さは、こうしてさまざまな拘束の体系に結ばれている。つまり、そういう自由自体に固有のメカニズムに関係づけられている。ちょうど精神がその身体に、あるいは生ける身体がその胴衣（コルセット）に、関係づけられているのと同じように。胴衣（コルセット）［corset］は、〔corps（身体）に由来する〕その名が示すとおり、そしていつもそうするとおり、身体を与える〔具体化し、確かなものにする〕［donnant corps］のである。

それゆえ、そうした体系の有機的な繋がりを捉えるためには、このことに注意深くあらねばならない。すなわち、二つのアート（リベラルなアートと報酬のアート）は互いに無関係な、二つの独立した全体性ではない、ということである。リベラルなアートは、ちょうど精神が身体に関係するのと同じような仕方で、報酬のアートに関係している。リベラルなアートが自分自身の自由のうちで、自らを産出することができるためには、リベラルなアートは自分に従属させているものを欠くことはできないのだ。つまり、自分が、その語のあらゆる意味において仮定し前提している［*suppose*］機械的構造の力を必要としている。すなわち機械的なものの審級、報酬や労苦のような、享受を欠いているものの審級を必要としているのである。こういう見方から発して、押しつけではない、と称するあらゆる教育学に対するカントの反発は導かれている。「近代の教育家のなかには、あらゆる強制＝拘束（*Zwang*）を避けることによって、そして作業＝労働をまったくの遊びに変えることによって、リベラルなアートの進歩をできる限り早めることが可能であると信じている者が少なからずいる」（同前〔四三節〕）。

さきほど、リベラルなアートの自由な戯れは、報酬のアートとは違って、享受させる〔享受するべきものとして与える〕という言い回しをした。しかし、これではまだ曖昧なところがある。さらに、快［plaisir］と享受［jouissance］とを区別しなければならない。こういうコンテクストにおいて、カントは、やや慣習的なやり方ではあるにせよ、相異なる二つの概念をマークするために、*Lust*〔快、喜び〕と*Genuss*〔享受、享楽、楽しみ〕とを対立させている。まさにカントが、芸術［Beaux-Arts］を、つまり美しいアート（*schöne Kunst*）を定義しようとする、その瞬間に、そうするのである。ここでもまた、シンメトリックな対立ではない。芸術の定義が行なわれるのは、対称性のある対立によってではないし、類［genre］と種［espèce］との区分によってでもない。たしかに芸術［Beaux-Arts］は自由なアート［arts libres］であるが、しかしそのすべてがリベラルなアート［arts libéraux］に属しているわけではない。リベラルなアートのうちのいくつかは芸術［Beaux-Arts］の一部をなし、他のいくつかは学問［Sciences］の一部をなしているのである。

そうすると、いったいなにが「芸術［Beaux-Arts］」を特徴づけるのであろうか。

この〔芸術＝美しいアートという〕言い回しは、よく慣れ親しんだものであるにせよ、自明なものではない。美を産出するアートが「美しい」と呼ばれるために、なにかの理由があるのだろうか。美とは、作られた対象であり、*opus*〔作品〕であり、産出されたフォルム〔かたち、形式〕である。なにゆえ、アートが美しいのだろうか。こうした問いは、カントによって提起されることは一度もない。しかし、カントの批判によって、この問いは呼び出されるように思われる。「美しい」という賓辞は、厳密にいえば、アートが産み出した産出物にのみふさわしい述語なのだが、これをアートへと移して付加する理由は次の点にある。すなわち、産出物との関係は、構造的に言って、産出する主観＝主体との関係から切り離されない、たとえその主観性がどれほど非規定なままであろうと、そして匿名の、名の無いものであろうと、切り離されない、という点にあるのだ。つまり、署名の折り込み［implication］というべきものがあり、それは、なんらかの経験主義（心理学的、社会学的、歴史学的、等々、の経験主義）が付随的・外在的な仕方で求めるものとは混同されない。美とはつねに作品＝作業＝営為［œuvre］であるだろう（つまりそれは対象でもあり、行為でもあるだろう）——そして、美とはつねにアートであるだろう、その署名が作品＝営為の境界に刻印されているようなアートであるだろう。境界＝限界に刻印されているということは、作品＝営為の内でもなく外でもなく、内でありかつ外でもある、ということであり、〈枠〉のパレルゴン的な厚みのなかに刻印されているということである。★9 こうして美は、けっして単純に産出物について言われるのではなく、また単純に産出する行為について言われるのでもない。そうではなく、産出物と産出行為のあいだの境界＝限界への移行〔ある仕方で、境界へと通過すること〕について、そう言われるのである。もしそうだとするならば、美とは、もっと別のかたちで練り上げられる形成の仕方を備えており、なんらかのパレルゴン的な効果に起因している。つまり、芸術［Beaux-Arts］はつねに〈枠〉および署名からなっているのである。これらの命題に、カントはおそらく署名しないだろう。しかし、こうした命題は、美的な主観性［subjectivité esthétique］という彼の問題系と両立しないわけではないと思える。★10

あるアートが美しいと言われるとき、ひとはある一つの単独性＝特異性［singularité］を参照しているのではない。しかじかの産出する行為に、あるいはこれこれという単独な産出［production unique］に、参照を求めているわけではない。一般性（たとえば、音楽は一つの美しいアートである、あるいはこれこれという作曲家のアート、という一般性）は、〔そのアートを〕操作する、主体的な諸能力の総体において、反復ということを当然のものとして含んでいる。つまり、再開始する可能性を含んでいる。こうした反復可能性が「芸術［Beaux-Arts］」という概念そのものに属しているのである。

このような反復は、快から生じ、快によっている。この点から発して、学問は美しいものでありうるか、という問いに対する答えが導かれる。否、とカントは言う。「美しい学問」などというものは、条理に合わず、無意味であり、なにものでもない（*Unding*）だろう。つまり、そのようなものはない。なるほど、学的活動の周辺に美しい物を見出すことはできるし、アーティストもまた学的な知を活用することができる。しかし、学的な行為や学的な対象、たとえば学問上の言表は、そのものとしては、美しいものではありえないだろう。それはちょうど、ある一つのアートの学問的な価値について語ることができないのと同様である。そんなことをすれば、単なるおしゃべりになってしまうだろう。学問的な言表が美しいとすれば、それは、洒落た言葉［*Bonmot*］の次元に、つまり「洗練された趣味からなる（機知に富む言葉からなる）表現（*geschmacksvolle Aussprüche*（*Bonmots*））」の次元に属している〔第四四節〕。

Witz〔機知に富む、洒落た言葉〕は、そのものとしては、学問的な価値をもつことができないだろう。だから学問が学問であるためには、*Witz* なしですますのでなければならない。それゆえ学問は、アートなしで、美なしですますのでなければ、したがって、それと不可分な仕方で、快なしにすますのでなければならない。学問は快から（快を目指して）生じるべきではなく、快を得ることや快を与えることもすべきではない。

しかしながら、「序論」の途中の一節〔Ⅵ〕が認めるところによれば、認識の埋もれてしまった起源には、たしかに快があったのである。「しかし、こうした［認識することの］快は、その当初にはたしかに存在していたのである。ただ、こういう快なしでは、〔認識に関わる〕最も普通の経験ですら可能でなくなるがゆえに、この快は少しずつ単なる認識と混同され、もはやとくに気づかれることもなくなったのである」〔序論「Ⅵ　快の感情と自然の合目的性の概念との結びつきについて」〕。

太古の〔記憶以前の〕時代、それは意識の時代ではありえないのだが、そういう時代には快は認識から分離されることがないのだとすれば、もはや学問から美との関係や *Witz* との関係を排除することはできない。また、快のエコノミー（同じものへの回帰、異質なものの縮減、法則の承認、等々）との関係を排除することもできない。[☆2] さらには、ひとは次のことを認めなければならない。すなわち、洒落た言葉において、*Witz* の刃は、ひとを学問の埋もれた起源へ、あるいは抑圧された起源へ連れ戻すということ、さらに言えば、学問についての学問へと連れ戻すということであり、カントの批判が立てたすべての区別や対立や境界がその妥当性を失う地点へと導いてゆく、ということである。重要なのは、こういう問題に賭けられているものがどれほど大きいかを測定することである。それも、まさにカントのテクスト自身がこうした妥当性の消滅を自ら示している場において、測定することである。

諸々の境界が堅固に書き込まれている地点へ戻ろう。たとえその書き込みが派生的なままであるとしても。芸術［Beaux-Arts］には学問的なものは何一つなく、学問には美しいもの、芸術的なものは何一つない。芸術［Beaux-Arts］は快［plaisir］から生じ、快を与えるのであって、享受［jouissance］から生じるのではなく、享受を与えるのでもない。学問の場合は、快でもなく享受でもない。美しいアート［bel art］の場合は、享受なき快が問われる。しかしながら、すべてのアートが快をもたらすわけではない。そこで、一連の新たな区別が必要となる。

可能な対象についての認識に適合するアート、そういう対象を実現するために必要な操作を

☆2 Cf. *Le parergon*, (II) (*Le sans de la coupure pure*), pp. 27〔« Parergon », (III), *op. cit.*, p. 129;「パレルゴン」(III 純粋な切断の〈なしに〉)、前掲書、一八四頁〕。

実行するアート、〔対象を〕産出しなければならないということをあらかじめ知っており、結果としてその対象を産出するアート――このような機械的なアートは、快を求めもしないし、与えもしない。ひとはいかにして書物を印刷すればよいのか、いかにして機械を製作するのかを知っている。ひとは範型（モデル）を手にしており、合目的性もわかっている。こうした機械的（メカニック）なアートに対し、カントは感性的＝美的な［esthétique］アートを対立させている。感性的＝美的なアートの直接的な目的は、快のなかにあるのである。

しかし、感性的＝美的なアートはさらに、階層秩序（ヒエラルキー）化された二つの種類に細分される。すべての感性的＝美的なアートが、美しいアート［bel art］であるのではない。したがって、美に関わらない感性的＝美的なアートがあるわけである。感性的＝美的なアートのうち、ある種のアート、すなわち快適な［agréable］アートは、享受＝享楽（*Genuss*）を求める。芸術［Beaux-Arts］は享受なき快（*Lust*）を求めるのである。カントは二行ほどで芸術を定義しているが、それは挿入句もなく飾り気のない厳格な仕方においてである。一方、カントはその前に、享受のアートを、悦にいった仕方で記述している（この記述は長い挿入句を含む十四行からなる）。すなわち、会話術、冗談、笑い、陽気さ、うっかり本心を明かしてしまうこと、食卓を囲んでの気ままなおしゃべり、宴席に料理を配膳する仕方、食事中の音楽、社交的な遊技や賭事などである。これらはすべて享受へと向けられている。「逆に、美しいアートは自らのうちに自らの目的をもつような表象様式である。そして、とくに目標をもっていない（*ohne Zweck*）としても、精神的能力の開発を促進することによって、社会的なコミュニケーションを可能ならしめるのである」（第四四節）。

社会性［socialité］、普遍的な疎通–伝達可能性［communicabilité universelle］。問われるのは、快だけであり、享受＝享楽は問題にならない。というのも、享受＝享楽はなにかしら経験的な感性に関わるものを巻き込んでおり、感覚作用の核のようなものを含んでいるが、それは伝達不可能なものだからである。それゆえ純粋な快は、つまり経験的な享受のない快は、判断と反省＝省察に起因している。しかし、判断と反省に起因する快は、すでに認められている理由によって、概念なしに〔概念に基づくのではない仕方で〕、快いのでなければならない。

したがって、こうした快を得ることができるとすれば、それは概念を断念し、享受も断念することによってである。つまりこの快が与えられるのは、反省的判断のうちにおいてのみである。そして、ある種の *socius*〔他者との社会的な関係〕の次元、ある種の反省的な間主観性の次元に応じてのみなのである。

〔以上のことと〕エコノミメーシスとは、いかなる関係があるのであろうか。反省的な言明＝述定表現［prédication］において、概念を経ることなしに、享受することなしに、快を得ることができるということ。これはもちろん、人間の本来性＝固有性である。すなわち自由な人間、純粋な産出を行なうことができる人間、つまり交換しえない産出を行なうことができる人間に固有な、本来的なことである。交換不可能というのは、感性的な事象という面においては交換できないし、感性的な事象のしるし＝記号（たとえば貨幣）という面においても交換できない、つまり享受＝享楽という面においては交換できないということである。使用価値として交換できず、交換価値としても交換できない、ということである。

しかし、それにもかかわらず、交換不可能なものを産み出す、そうした純粋な産出性は、一種の無垢なる〔処女のままの〕交渉＝交流［commerce immaculé］を解き放つ。[★11]〔感性的なやり方では交換されないけれども〕反省的な仕方では交換しうるような疎通＝伝達可能性［communicabilité］。自由な主観＝主体同士のあいだでの普遍的なコミュニケーション可能性。これが芸術［Beaux-Arts］の戯れ＝作動の空間を開く。そこにあるのは、一種の純粋なオイコノミア＝エコノミー［économie pure］である。こういうエコノミーにおいては、オイコス〔自分のもの、わが家のもの〕、すなわち人間の本来性＝固有性が自分で自分を反映している。つまり、自らの純粋な自由のうちに、そして自らの純粋な産出性のうちに、自らを映し出しているのである。

そうすると、ここで、なにゆえミメーシスなのか。芸術［Beaux-Arts］の産出は、自然の産出ではない。このことは自明であり、カントはたえずこの点に注意を喚起している。すなわち、*facere*〔成すこと、作ること〕であって *agere*〔ふるまうこと、動くこと〕ではないのだ、と。しかし、ある種の

quasi〔ほとんど、準〕が、そしてある一定の *als ob*〔あたかも〜のように〕が、アナロジー的なミメーシスを再建するのである。しかも、ちょうどそういうミメーシスが切断されたかのようにみえる、その地点において、再建するのである。芸術作品は自然という外観をもっていなければならない。それらまさに目的の産出（目的による仕立て・制作）として、そうでなければならない。芸術作品は、それが最も純粋に芸術的に仕上げられた作品（*opera*）であるその瞬間に、自然の活動＝効力［action］によってもたらされる効果に似ていなければならないのである。

芸術［Beaux-Arts］の産出を前にして、問題なのは、自然ではなく、アート［art］なのだ、という意識をもたねばならない。しかしながら、芸術的産出のフォルム〔形式〕における合目的性は、あたかもそれが純粋な自然の産出物であるかのように（*als ob*）みえるのでなければならない。それほどにも、恣意的な規則のあらゆる強制＝拘束（*Zwang*）から自由であるとみえる（*scheinen*）のでなければならない。こうした自由の感情、われわれの認識能力の戯れにおける自由の感情、それは同時に合目的的でなければならないが、この自由の上にこそ、快（*Lust*）は基づいているのである。つまり、概念に基づかないで、しかもすべての人に普遍的に伝達可能である唯一のものである快（*Lust*）は、そういう自由の感情の上に立脚しているのである。

〔第四五節〕

この〈あたかも〜のように〉[*comme si*]は、いかなる射程をもっているのだろうか。

純粋かつ自由な産出性は、自然の産出性に似ているのでなければならない。なぜかと言えば、それはまさに、この産出性は自由であり、また純粋であるがゆえに、自然法則に依存していないからである。この産出性は、自然に依存しなければしないほど、ますます自然に似るのである。ミメーシスはここでは、一方の事物を他方の事物によって表象〔再現＝代理〕することではない。つまり、二つの存在者のあいだの類似の関係ないし同一化の関係ではなく、自然の産出物を芸術の産出物によって再生＝再産出することではない。ミメーシスは二つの産出物[produits]の関係ではなく、二つの産出行為[productions]の関係なのだ。そして、二つの自由のあいだの関係なのである。芸術家は、自然のなかの事物、あるいはこう言ってもよいが、*natura naturata*〔産み出された自然、所産的自然〕のなかの事物を模倣するのではない。そうではなく、*natura naturans*〔産み出す自然、能産的自然〕の行為を、ピュシスの作用＝働き＝操作を、模倣するのである。★12 しかし、あるアナロジーによって、*natura naturans*〔産み出す自然〕はすでに作者たる主体のアートになっているし、さらにはこう言うことすらできようが、芸術家たる神のアートになっている。それゆえミメーシスが展開し、示すのは、人間的行為の神的行為への同一化であり、一方の自由が他方の自由へと同一化することである。純粋な趣味判断の伝達可能性。自由にふるまうことのできる主体たちのあいだの交換――つまり、美しいアート［bel art］を鍛錬すること、また評価することにおいて、自由な主体同士のあいだでの交換（普遍的で、無限な、限界のない交換）。こうした疎通＝伝達可能性、普遍的な交換、など一切は、神という芸術家と人間という芸術家との交流－交渉［commerce］を前提としている。そして、こうした交流は、まさに厳密な意味でのミメーシスである。すなわち〔ミモス劇＝無言模擬芝居＝パントマイムとして〕舞台、仮面、舞台の上での他者への同一化であって、ある対象をそのコピーによって模倣すること［imitation］ではない。「真の」ミメーシスとは、産出を行なう二つの主体のあいだにあるのであって、二つの産出された物のあいだにあるのではない。このようなミメーシスは、『判断力批判』のうちに、明示的なテーマとしても、ましてや語としても、一度も出てこないにもかかわらず、『判断力批判』全体によって当然なものとみなされている。そんなミメーシスは、模倣を非難するよう要求し、つねに模倣は隷従的である、と述べているのだ。

こうした人間学－神学的なミメーシスの最初の効果は、以下の点にある。すなわち、このように神的な〔神を目指した〕目的論のおかげで、芸術［Beaux-Arts］の政治経済＝ポリティカル・エコノミーが保証されるという点、それゆえ自由なアートを上におき、報酬のアートを下におくような階層秩序的な対立が保証される、という点にある。エコノミメーシスは、一切をしかるべき位置に配置する。つまり、言語（ランガージュ）をもたぬ動物の本能的労働から発して、機械的なアート、報酬のアート、リベラルなアート、感性的＝美的な［esthétique］アート、そして芸術［Beaux-Arts］を経由しつつ、最後は神に至るまで、すべてをしかるべく配置するのである。

私たちがいるこの地点において、ミメーシスの構造は、自然とアート、*agere* と *facere* の対立を消し去る。そしておそらく私たちは、ある快の根源を再び見出すことになるだろう。その快の根源とは、アートや美にとくにとっておかれる以前の快、つまり認識に帰着するような快の根源である。アリストテレスにとってそうであるように、〔カントにとって〕ミメーシスとは人間の本来性＝固有性である。事実、カントは模倣［imitation］について「猿真似」として語っている。すなわち、猿は模倣する＝真似る［imiter］ことができるが、しかし主体の自由だけが自らを模擬する［se mimer］という意味においては、猿は模擬する［mimer］ことはできない。猿は主体ではないし、他者としての他者との関係を——たとえ従属関係としてさえも——もってはいないのだから、と。また〔アリストテレスの〕『詩学』は、ミメーシスを認識と快の共通の起源に位置づけている。

詩はたしかに二つの原因に、それも二つの自然な（*physikai*）原因に、源を発しているように思われる。というのも、模倣すること（*mimeisthai*）は、人間においては自然な（*symphyton*：生来の、生得的な）ことであって、子供の頃から備わっている——人間が他の動物と異なる点は、模倣の能力に最も富んでおり（*mimetikôtaton*）、模倣によってこそ最初の認識（*matheseis protas*）を獲得することにある——からである。そして第二に、すべての人間は模倣において快を得る（*khairein tois mimemasi pantas*）からである。 (14448b)

〔アリストテレスからカントに至る〕伝統が溶接されている様子をできるだけ長い射程で分析するために、私たちがさらに説明しなければならないのは次のことである。すなわち、『詩学』が快と認識を結び合わせているのに対して、『判断力批判』はミメーシスという同じ空間において快と認識を分離しているようにみえる、ということである。たとえそうみえるとしても『判断力批判』は、一方で、すでに検討したように、快と認識の結びつきを排除しているのではなく、それを、太古の〔記憶以前の〕時代の無意識状態［inconscience］へと送り返しているのである。そして、他方で、自然は——認識の対象である自然は——、一つのアートであっただろう［la nature aura été un art］——快の対象であるアートであっただろう——、としているのである。つまり、自然な美は自然のアートによる産出であっただろう、というわけである。ある一つの奇妙な半過去形〔後出の la nature était belle〕が、そのことを指し示している。つまりこの半過去形は、いわば「テクストにおけるもっと前の箇所」へと遡行的に参照を求めるということ、あるいは一種の始源的な産出へと送り返しているということを、示唆しているのである。〔さきほど引用した〕「あたかもそれが純粋な自然の産出物であるかのように（*als ob*）みえるのでなければならない。それほどにも、恣意的な規則のあらゆる強制＝拘束から自由であるとみえるのでなければならない」という箇所に続けて、次のように記されている。

こうした自由の感情、われわれの認識能力の戯れにおける自由の感情、それは同時に合目的的でなければならないが、この自由の上にこそ、快（*Lust*）は基づいているのである。つまり、概念に基づかないで、しかもすべての人に普遍的に伝達可能である唯一のものである快（*Lust*）は、そういう自由の感情の上に立脚しているのである。自然が美しかった［la nature était belle］のは、それが同時にアートのように見えていたとき、そうだったのである（*Die Natur war schön, wenn sie zugleich als Kunst aussah*）。そしてアートが美しいと呼ばれうるのは、それがアートによるという意識をわれわれはもっているのだが、しかしわれわれにとってはそれが自然のように見える、という場合だけなのである。★13　〔第四五節〕

したがって、唯一の美は、産出する自然の美のみである。アートが美しいのは、それが産出する自然のように、産出的である限りにおいて美しいのである。また、アートが、自然の産出物を再生するのではなく、その産出行為を再産出する限りにおいてそうなのである。そして、批判によって〔アートと自然、アートと学問、快と認識＝知などの〕分離が行なわれる以前、ある種の忘却（規定されるべき忘却）以前には、自然は美しかったであろう［la nature aura été belle］（美しかった［la nature était belle］）限りにおいてなのである。アナロジーが連れ戻すのは、こうした前－批判的な時代である。つまり、〔カントの〕批判的言説によってすべての分離や対立や境界が画定される以前の時代、超越論的〈感性論＝美学〉の時代よりもっと「古い」とさえ言えるような時代である。

美は、産出を行なう自然を、自然それ自身へと関係づける。美は、アーティストたる自然が自分で自分に与えたスペクタクルを形容する語である。神は、あたかも自分自身仮面をかぶった──自らを証明した──かのように、一つのスペクタクルのうちに自らを与えたのだ。神のパントマイム＝ミモス劇＝無言模擬芝居［théomime］、自然のパントマイム＝ミモス劇＝無言模擬芝居［physiomime］。それは、神の快のためである。広大無辺な気前のよさ＝リベラル性〔恩恵、無償の配給、施し〕［libéralité］。しかしながら、そういう気前のよさは自らを消費すべきものとして与えることしかできない。つまり、自分自身を自分自身に〔消費すべきものとして〕与えることしかできないのである。

エコノミメーシスが、二つの自由のあいだに鏡像的な関係を設立するとすれば、つまり反省的判断において読み取られ、また *gustus reflectens*〔反省的趣味＝嗜好〕において読み取られるような鏡像的関係を設立するのだとすれば、人間の自由はいかにして神の自由に類似することができるのか。私たちは知っているだろうか――ピュシスをミメーシスとして思考する以前に、つまり鏡のなかで神が自らに与える折り目＝襞［pli］以前に――、自由とはなにか、自由とはなにを意味しているのか、ということを。いかにして人間の自由は（つまり、リベラルなエコノミーにおける人間の自由は）、神の自由に類似することができるのか。神の自由はつねに自らに類似しており、自らのうちへと結集させるのであるが、そういう神の自由にどうやって類似することができるのか。人間の自由が神の自由に類似するのは、まさにそれを模倣＝真似［imiter］しないことによってであり、これは一つの自由が他の自由に類似するための唯一の様式なのである。

ミメーシスのパサージュ〔通行、通過、歩み〕は、諸々の概念によって進行するのではない。そうではなく、ただ複数の自由のあいだで、範例的なものによってのみ、進行するのである。範例的なものは反省的な価値をもっており、ほとんど自然的な産出であって、そうした準-自然的な産出こそが、アートの諸規則（概念にはよらない諸規則）を創設するのである。

〔『判断力批判』のなかで〕この地点におけるオリジナルな審級は、天才の形象（フィギュール）である。この天才という形象は、自由を〔資本のように〕蓄積している。だが、それは同時に、エコノミメーシス全体を自然化するのである。「美しいアートは、天才のアートである」（第四六節）。*Ingenium*〔生来の資質〕

は自然的である。それはある自然な才能であり、一種の自然の賜物＝贈与（*Naturgabe*）である。天才は産出する審級、贈与する審級であるが、その天才自身は自然によって産み出され、与えられる。自然のこうした贈与、産出する自由のこうした贈り物なくしては、美しいアート［bel art］はありえないだろう。自然は産出する者を産出する。自然は自らに自由を産出し、自らに自由を与えるのである。天才は、概念にはよらない規則（「行為から、つまり産出物から抽象された」規則）をアートに与え、さまざまな「範例」を産み出す。ただし、このとき、天才はただ自然を映し出しているだけであり、自然を表象〔再現＝代理〕するだけである。つまり天才は自然が遣わした者、あるいはその権限を委任された代表者であり、かつまた同時に自然の忠実なイマージュ〔映像〕なのである。「天才は精神の生来の素質（*ingenium*）であり、自然はこうした生来の素質＝才能を通じてアートに規則を与える」（第四六節）。

概念にはよらない規則は、行為において、また範例に基づいて、読み取られるものである。そういう諸規則は、模倣＝真似［imitation］から生じるものではない（天才は「模倣の精神」とは両立不可能である）。天才は〔生得のものであって〕学ぶことで得られるものではない。「学ぶことは模倣することにほかならない。」この命題（第四七節）には『詩学』の言葉づかいが再び見出されるが、それだけでなく〔『判断力批判』と『詩学』との〕親近性はさらに、天才の独創性は、そしてまた天才が産み出した産出物の範例性はある種の模倣を促す、という点にもみられる。ある種の模倣を促すというのは、良い模倣を促すということである。つまり、隷従的に反復したり、再生したりする模倣ではなく、偽造や剽窃を避けるような模倣を促す、ということである。神的自由を自由に模倣する自由（すなわち、天才の自由）の自由な模倣。これについて「説明するのは難しい」。芸術家の着想は「類似した着想」を、つまり隣接した、類縁関係のある、類比的な（*ähnliche*）着想を、「覚醒させ」、呼び起こし、刺激する。良い模倣と悪い模倣、良い反復と悪い反復。これらを関係づける微妙なニュアンスは、模倣［*imitation*］と偽造［*contrefaçon*］との対立、すなわち *Nachahmung*〔模倣〕と *Nachmachung*〔偽造〕という対立のうちに、簡潔に示唆されている。〔両者の〕隔たりは捉えがたい。この捉えがたさは、それにもかかわらずたしかに全的なものである。そんな捉えがたさは、シニフィアンのレベルにおいて、反復されている。つまり、一字を除けば完全なアナグラムとなっている[★14]、という点において、模倣するのであれ、あるいは偽造するのであれ、いずれにしても反復されている。

自然が天才を遣わすからには、すなわち〔天才によって〕自然を表象〔再現＝代理〕させ、アートに自然の規則を与えるからには、一切は、直ちにそうなるにせよ、直ちにではないにせよ、自然化されることになる。さらにまた、一切は自然性の構造として解釈されることになる。これが経験的教養主義の内容である。つまり、アートの政治経済＝ポリティカル・エコノミーであり、そのきわめて特殊な諸命題である。すなわちフリードリヒ大王の韻文詩句からはじまって、諸々の賃金の等級に関する言明にいたるまでの、まったく独特な諸命題である。

賃金（サラリー）に関する二番目の指摘は、前に述べたように、「芸術の区分について」（第五一節）という節に属している。

〔芸術［Beaux-Arts］においては〕わざとらしいものや苦心の跡がみえるものは、すべて避けねばならない。というのも、美しいアート［bel art］は、二重の意味で自由なアート［art libre］でなければならないからである。一方で美しいアートは、なんらかの賃金活動（*Lohngeschäft*）のかたちにおける仕事ではない。つまり、一定の尺度によってその量が計測され、強いられる（*erzwingen*）労働、そして報酬を支払われる（*bezahlen*）労働であってはならない。しかし、他方で〔美しいアートにおいては〕精神は実際に自ら仕事に従事していると感じなければならず、しかもその場合、他のいかなる目的を目指すことなく（賃金からは無関係に独立して）充足し、かつ高揚していると感じるのでなければならない。

それゆえ、雄弁家＝語り物作者［orateur］は、彼が約束しないなにか、すなわち想像力の魅惑的な戯れを与える。しかし、彼は自分が約束するもの、自分の事柄であると告げるもの、つまりある一つの目的に即して悟性の仕事に従事するということを、いくぶんおろそかにする。反対に、詩人は、ほとんど約束せず、観念（イデー）の単なる戯れを告げる。しかし、彼は真面目に従事する価値のあるなにかを成就する。つまり、戯れつつ悟性に栄養を授け、想像力を用いて悟性の諸概念に生命を与えるのである。結局のところ、詩人は約束するより多く与え、雄弁家＝語り物作者は約束するより少なく与える、ということである。

〔第五一節〕

頂点には詩人がいる。神に類似した詩人、まさにロゴスの回帰によって神に類推される〔アナロジー的に比される〕詩人がいる。詩人は約束するよりも多く与え、交換の契約には服さず、その余りある豊かさ［surabondance］は循環的経済（エコノミー）を気前よく断ち切る。したがって、芸術［Beaux-Arts］の階層秩序がなにを意味しているかといえば、それは〔詩人のロゴスという〕ある一つの強大な力がエコノミー（循環的）を中断し、統治するものとなり、ポリティカル・エコノミー（限定的）を超えた上に自らを位置づける、ということである。ポリティカル・エコノミーの自然化は、アートの産出と交流を、ある種の経済－横断性［trans-économie］に従属させるのである。

エコノミメーシスは、このことによって損なわれはしない。それどころか、エコノミメーシスはむしろ、経済－横断性において無限に自らを展開していく。エコノミメーシスは、経済－横断性に耐え、無限へと通過するのである。ちょうど、「カント主義」がなんらかの「ヘーゲル主義」の潮流においてそうするように。一種の無限な円環が演じられ、人間の戯れを利用しつつ、贈与を再び自己所有化する。たしかに天才たる詩人は、自分が与えるものを自然から受け取る。ただし詩人は、〔彼によって人間たちに〕与えられるもの［le donné］だけでなく、まず与えるということ［le donner］を受け取る。つまり人間たちに約束するより多くを産み出し、より多くを与えるという能力を、自然から（神から）受け取るのである。詩という贈与〔詩句たる天賦の才〕、その内容と能力、その豊かさと行為、それは一種の〈おまけ〉［un en-plus］である。つまり、与えるということそのもの［un donner］として、神から詩人に贈与されている〈おまけ〉である。詩人はこの贈与された〈おまけ〉を伝送する。こんな〈おまけ〉という追加的剰余価値は、詩人によって受け渡されることで、その無限の源泉［source infinie］へと回帰することが可能になるのである。こうした無限の源泉は、失われることがありえない。定義からして、失われえない。もっとも、無限［infini］について、定義からして［par définition］、と言うことができるとすれば、の話だが。

こうしたことすべては、声を経由するのでなければならない。天才たる詩人は神の声であり、神は詩人に発語させる。神は自らを与えるのであり、与えることによって、自らに与える——つまり、神は自分が与えるものを自らに与え、与えるということを自らに与える（*Gabe* および *es gibt*）★15。神は自分自身と自由に戯れ、契約的な交換という有限な円環を断ち切る。が、しかし、それはただ自分自身と無限な協定［pacte］を結ぶためだけに、そうするのである。無限が自らを（思考すべきものとして）与えるやいなや、限定的エコノミーと一般的エコノミーとの対立は、つまり循環＝円環と濫費的産出とのあいだの対立は、消え去る方向へ進む。さらにこう言うことができるとすれば、それは無限への移行＝通過にともなう機能でさえある。すなわち、贈与と負債のあいだの無限の通路＝通行にともなう機能である。

詩人たるにふさわしい詩人は、約束するより多くを与える。ひとが彼に求めるより多くを与える。そして、この〈より多く〉というのは、悟性に属している。この〈より多く〉はある種の戯れを告げ、また概念的なものを与える。それはおそらく、より多くの法則＝もはや法則でないもの［un plus-de-loi］である。が、しかしそれはある能力［faculté］によって、つまりその本質的な性格が自然発生性である能力によって、産み出されるのである。約束するよりも多くを、求められるよりも多くを与えながらも、この天才たる詩人は、誰からも支払われない。その〈より多く〉ということについて、少なくとも人間のポリティカル・エコノミーにおいては、誰からも支払われはしない。しかし、神こそが彼を養う。言葉（パロール）を通じて、神は詩人と対話を交わし、感謝＝承認と引き替えに［contre reconnaissance］、詩人にその資本（もとで）を供給し、その作業＝労働の力を産み出し、また再生する。神は詩人に、剰余価値を与え、そして剰余価値を与える手段（てだて）を与えるのである。

詩という交流＝交渉［commerce poétique］。というのも、神は詩人であるから。一方で、*Dich-*

tung〔詩作〕を詩人に口述する［dicte］神の活動。他方で、〔芸術［Beaux-Arts］の〕頂点において、言葉を語ることに関わるアートという詩人の活動。これら両者のあいだには、階層秩序的なアナロジーの関係があるのだ。

　エコノミメーシスのこうした構造は、必然的にその類似物（アナロゴン）を国家（シテ）のうちにもっている。詩人もまた、つまり人間のなかの人間である詩人もまた、書きも歌いもしないあいだ、食べることをしなければならない。彼は（機械的な）作業＝労働の力を維持しなければならないのであって、カントが示すところによれば、詩（ポエジー）はこうした労働の力なしですますことはできない。そのとき、詩人は王－太陽に庇護される。詩人が自分の本質的な豊かさは上から到来するということを忘れないために、また自分は真なる交流＝交渉のおかげで自由なアートの高みに結ばれているのであって、報酬のアートに結びつけられているのではないということを忘れないために、詩人は王－太陽から、照らされ－照らす〔啓蒙され－啓蒙的な〕君主から、神－詩人に類似した王－詩人から、恩給を受け取る。すなわち、一種の文芸国庫であるフリードリヒ大王から、受け取るのである。この国庫は、リベラルなエコノミーにおける需要と供給の厳格さを和らげる。しかし、この強力な図式は必ずしも、限定的エコノミーのなかのある別の組織のうちに移動されるとは限らない。エコノミメーシスは、そうした勘定において、自分が払った出費を取り戻すことができるのである。

フリードリヒ大王、この「偉大な王」は、『判断力批判』において引用されるほとんど唯一の詩人である。哲学者の卑屈な気配りと悪趣味、とよく皮肉られる。それでも、王の詩、およびその詩を厳密な仕方で取り巻く注釈は、ある種の太陽的源泉という気前のよい豊かさ［surabondance］を描写している。〈神〉、〈王〉、〈太陽〉、〈詩人〉、〈天才〉などは、計算することなしに自らを与える。そして、限定的エコノミーと一般的エコノミーとのあいだの関係は、差異の関係ではあってもけっして対立ではないとすれば、プラトン的、カント的、ヘーゲル的、ニーチェ的（そしてバタイユに至るまでの）太陽詩学［hélio-poétiques］は、アナロジー的な外観をもつ連鎖を形成することになる。どんな論理にせよ、対立の論理は、そこから諸テーマを分離できるほどの準備ができている、とは思われない。

偉大な王は、自作の詩の一篇において、次のように自らを表現している。

迷いなく臨終し悔いなく往生しよう、
我らの善行に満ちた世界をあとに残して。
運行を終える太陽はかくのごとく、
地平に和やかな光を投げかける、

大気に残すその最後の光明は
世界に与える最期の嘆息なのだ、

こうして大王は、その生涯の終わりにおいてなお、自らの理性の理念、つまり世界人的（コスモポリット）感情という理念を、ある種の想像力のアトリビュート〔属性、持物〕★16によって、活気づけている……〔第四九節〕

それとは逆に、知性的概念は、感性による表象のアトリビュートとして役立ち、そのようにして感性的表象を活気づける、という点を、カントは〔あるひとりの詩人を引用しつつ〕述べている（「太陽の光が湧出した、ちょうど平穏が徳から湧き出すように」« *Die Sonne quoll hervor, wie Ruh aus Tugend quillt* »）。ただし、それには条件があって、超感性的なものについての感性的意識を頼みにする、という場合に限られるのであるが。またカントは、註にこう書いている。「『私は、存在するもの、存在したもの、存在するであろうものすべてであり、いかなる死すべき者も私のヴェールを持ち上げたことはない』というイシス（母なる〈自然〉）の神殿の銘よりも崇高なことが言われたことはおそらくけっしてなかったし、それよりも崇高な仕方で思想が表現されたこともけっしてなかっただろう。」湧出する太陽の引用と母なる〈自然〉のヴェールに関する註とのあいだで、カントは以下のように分析している。

徳の意識は、たとえ思考によって徳ある人間の場に身を置くだけでも、精神のうちに数多くの崇高な、かつまた心を安らかにする感情を拡げる。そして、あるリミットのない展望を、すなわちなんらかの規定された概念につり合ったような表現では、いかなる表現をもってしても、けっして十全には示せないほどの、幸福な未来への限りなき展望を拓くのである。〔第四九節〕

口例性★17

おそらく私たちは、海に近づく、とまではいかないにしても、河口［embouchure］★18に近づいている。

河口のなにが、エコノミメーシスへと通じうるのだろうか。

私たちは、純粋な産出性の起源にはミメーシスという折り目があることを見出したが、それは神による一種の自己の〔自己のための〕贈与［don pour soi de Dieu］である。神は自分自身を自らへの贈り物とする。まさに再－産出的な、あるいは模倣的な構造以前に、そうするのである（そうした再生的＝模倣的構造は、芸術［Beaux-Arts］には疎遠であり、また芸術よりも劣っている）。天才はなにものをも模倣しない。つまり天才は神の産出的自由に同一化するのであり、神は天才のうちで、起源の起源に、産出の産出に、同一化するのである。このことによって、産出という概念はマークされているのか。端から端まで、そして全般的に、特徴づけられているのだろうか。そうしたエコノミメーシスの論理に、この産出概念は属しているのか。意味論的に還元不可能な不変量を介して、エコノミメーシスの論理に所属しているのだろうか。この問いは、開かれたままにしておこう。

自然の自由な産出性と天才の自由な産出性のあいだのアナロジー。〈神〉と〈詩人〉のあいだのアナロジー。それはただ単に、比例の関係ではない。あるいは二つのもの——二つの主体、二つの起源、二つの産出——のあいだの関係ではない。アナロジーの過程はまた、ロゴスへの遡行でもある。起源はロゴスである。アナロジーの起源、アナロジーがそこから生じ、そこへと回帰するところのもの、それはロゴスである。理性であり言葉（パロール）であるロゴスなのだ。口［bouche］としての、そして河口としての源であるロゴスなのだ。

いまや、そのことを証明しなければならない。

自然は天才のアートに諸々の規則を授ける。諸概念ではなく、記述的な法則でもない。そうではなく、まさに諸規則を、独特な規範を授けるのである。そうした規範はまた命令であり、命法的な言表［énoncés impératifs］でもある。ヘーゲルがカントの『判断力批判』を、「きみはすべきである［tu dois］」にとどまっている、と非難するとき、ヘーゲルは美的（エステティック）な次元を支えるモラルの次元を明らかにしているのだ。★19 このモラル的な次元は、一方の自由から生じ、他方の自由へと移る。この次元は、一方の自由から発して、他方の自由へと与えられる。それも言説として、つまりシニフィアン的領界を通じて、そうするのである。私たちがこのカントのテクストのなかで、なにかしら言述することに関わるメタファー（自然は言う、自然は口述する＝指令する、自然は指定する、といった比喩）に類似した言い回しに出会うとき、それはいつでも、いわゆる通常の比喩と同じような比喩ではなく、アナロジーのアナロジーが問題になっているのである。つまりそれは、本来的な意味〔本義〕とはアナロジー的である、と告げているのだ。すなわち、自然とは本来的にロゴスであり、つねにロゴスへと遡行しなければならない、ということである。アナロジーはつねにランガージュ〔言葉を語ること〕に由来するのである。

たとえば、第四六節の終わりの部分には、「自然は天才を通じて、学知［science］にではなく、アートに諸々の規則を指定する（*vorschreibe*）……」と記されている。天才はそうした指定を書き写す。天才は、自然の口述のもとで、自らの *Vorschreiben*〔指図、指定〕を書くのであり、自然の秘書係を自由に引き受けるのである。天才が書くその瞬間、彼は自然によって文字通りインスピレーションを授けられるままになる。自然は天才に口述する。つまり自然は、天才が書くべきもの、そして今度は自分の順番として指定すべきものを、詩的な命令というかたちで彼に告げる。天才はだから、自分が書いていることを、真には理解していないのだ。天才は自分が転送する〔自然の〕指定を理解しておらず、いずれにせよ彼はそれに関する概念も学知［science］も手にしてはいない。

……こうした一つの産出物の作者は、自らの天才のおかげでそんな作品を産出したにもかかわらず、その着想がどこから彼のもとへやってきたのか自分自身知らない。彼は、意図して、あるいは計画的にそうした着想を抱く能力をもたないし、また他のひとたちが似たような作品（*Producte*）を産み出す（*hervorbringen*）ことができるように指定（*Vorschriften*）する仕方で、そうした着想を伝達する能力も、もち合わせていないのである。

天才は指定する。が、しかしそれは、概念にはよらない諸規則というかたちのもとにおいて指定するのである。そうした非概念的な規則は、繰り返しを禁じている。つまり模倣的な再産出を、禁じているのである。

自然は、天才の声を通じて、自由に人間に命令を与える。だが、そのとき、自然はすでにそれ自身、一つの産出物であり、神という天才［gênie divin］の産出行為である。命令を与えるとき、自然はすでに人間的天才の状況と類似した状況のうちにいる。そもそも人間的天才は彼自身、第二の自然を産出するのだから。産出的な想像力は、〔現実の自然によって与えられた素材から〕「いわば」(*gleichsam*)「もう一つの自然を創り出す」(*Schaffung einer andern Natur*) 強い力をもっているのである（第四九節）。したがって、ここにはアナロジーがある。つまり一方で、他の芸術家たちに向かって、たとえば〔範例として〕規則を指定することで第二の自然を創造する天才。その指定を天才に口述する第一の自然。そして他方で、第一の自然を創造し、範例や規則として役立つはずの原型［archétype］を産出する神。これらのあいだにはアナロジーがあるのだ。このような階層秩序的なアナロジーは、一種のロゴスの社会体［société］を、天才の社会学(ソシオロジー)を、一つのロゴス体制＝政体［logoarchie］を形成している。いずれの場合においても、アナロジーの各段階において、それは次のことを語っている。すなわち、神は命令し、自然は天才に伝送するために語り、最高の天才は言葉を語る天才、つまり詩人である、ということである。

アナロジーが規則である。そのことは何を言おうとしているのか。それが言おうとしているのは、それが言おうとしているということであり、それが欲しているということをそれが言おうとしているということをそれが言っているということ、そしてたとえば〔範例として〕、それが欲していることをそれが欲しているということをそれが言っている、ということである。

たとえば〔範例として〕。それが言おうとしているのは、それが言おうとしているということであり、それが欲しているということをそれが言おうとしているということをそれが言っているということ、そしてたとえば〔範例として〕、それが欲していることをそれが欲しているということをそれが言っているということである、ということ。それは、たとえば〔範例として〕、そうなのである。[★20]

たとえば〔範例として〕、アナロジーが規則である、ということが言おうとしているのは、アートの（美しいアートの）規則とモラル的規則のあいだのアナロジー、美的な次元とモラル的な次元のあいだのアナロジー、こうしたアナロジーが規則である、ということである。そんなアナロジーは一つの規則のうちに存する。一方で、ア・プリオリに人類＝人間性にふさわしい*Wohlgefallen*〔適意、快さ、満足〕[★21]を引き起こす趣味判断、それも利益・関心に依存することのない仕方で引き起こす、純粋な、趣味判断。他方で、同じように作用する、ただし概念という手段を通して作用するモラル的判断。この両者のあいだには、一つの「アナロジー」(*Analogie*)がある（第四二節「美に対する知性的関心について」)。そして、このアナロジーは、いま述べた二つの判断に、同等に、直接的な関心を向ける。こういうアナロジー（*Wohl*/*Gut*）[★22]の戯れ、つまり分節されて連結した戯れは、それ自身、代補性の法則に従っている。すなわち、私たちは、自然が「その美しい産出においてアートとして自らを示す」こと、それも「いわば意図的に」そうすることに感嘆する。だが、しかしそうした合目的性は、私たちの美的な経験においては、目的のない合目的性として私たちに現れるのである。

このような〈目的－なし［sans-fin］〉ということによって、私たちは私たち自身の内部へと導かれる。外部は〈目的－なし〉と見えるがゆえに、私たちは内部に目的を求めるのである。そこにあるのはいわば代行の運動のようなものであり、内部へと向かわせる運動である。つまり、一種のゆっくりとしたおしゃぶりのようなものである。このように少しずつ吸うことによって私たちは、外部に求める目的、いわば外に宙吊りにされた目的から離乳させられ、自律的な仕方で、内部に求め、内部に与えるようになる。舌なめずりしたり、唇を咬んだり、口蓋のなかで戯れたりしながら、そうするのではない。そうではなく、とはいえまったく別のことであるわけでもないのだが、自らにさまざまな命令を、定言命法を与えながら、そうするのである。つまり普遍的な図式を介して――そうした図式はもはや外部を経由しないのであり、それゆえ普遍的なのであるが――自らに話しかけながら、そうするのである。

カントは、このようにイデア化する方向へと進む内部化の運動について、次のように記述している。

これに、自然に対する感嘆がさらに付け加わる。自然は、その美しい産出においてアートとして自らを示すのであり、それもただ偶然に、ではなく、いわば意図的に、法則に従った配置・構成に応じて、目的なき合目的性として、そうするのである。こうした目的を外部のどこにも見出せない以上、われわれは当然これをわれわれ自身の内に求める。まさしく、われわれの現存在（*Dasein*）の最終目的、すなわち道徳的本分（*moralischen Bestimmung*）を構成している当のもののなかに、求めるのである（ただし、自然のそうした合目的性を可能にするものの根拠が問題となるのは、後述する目的論においてである）。　（第四二節）

美的な経験のうちに、つまりここでは一次的な経験とみなされている美的な経験のうちに、私たちは規定された目的を見出すことができない。私たちはその目的から離乳させられており、かつそうした目的は遥か遠く、見ることも近づくこともできず、彼方にある。それゆえ私たちは、自らの *Da-sein*〔現に‐在ること〕の目的へと向かって折り返されるのである。そうした内的な目的は、私たちの手の届く範囲にあるもの、私たちのもの、私たち自身であって、それは内部から私たちに呼びかけ、私たちを規定する。私たちは *Bestimmung*〔本来的な規定、天命、本分〕に応答するために、自律性という使命に応答するために、そこに現に（*da*）存在しているのである。私たちの *Dasein* の *Da* は、何よりもまずこうした目的によって規定されている。つまり、私たちに現前する目的、私たちが私たちのものとして自分自身に提示する目的、また、そうした目的によってこそ、私たちは自らがそうであるところのものとして私たち自身に現前するのであるが、そんな目的によって私たちの *Dasein* の *Da* は規定されている。それこそ自由な、自律的な現存在というもの、あるいは現存性ということ（*Dasein*）であり、したがってそれはモラル的な現存性なのである。

私たちの *Da* が自らを呼び出すのは、そういう仕方においてである。そして、このことはロを経由しなければならない。*Sein* の *Da* が自らに与えるのは、それが、外部では消費しえないもの〔飲食しえないもの〕である。消費〔飲食〕しないということ。それが趣味＝味わい［goût］の可能性の条件を形成する。つまり、趣味＝嗜好＝味覚［goût］は私たちを〈目的－なし〉へと関係づけるのであるが、まさにその限りにおいて、消費しないことが趣味＝味わいの可能性の条件をなすのである。

ところで、自然が行なうランガージュ〔言語活動、言葉を語ること〕に関する、多くの「アナロジー」が増えているのは、まさにこの第四二節においてである。問題なのは、なぜ私たちは、自然における美しいものを経験するとき、それにモラル的な関心を抱くはずであるのか、つまりなぜこの利益・関心のない経験に道徳的関心を抱くはずであるのか、を説明することである。自然はそれ自身のなかに、ある一致の原理を、すなわち一方で自然の産出（*Producte*）と、他方で私たちの利益・関心のない快とのあいだの、合致（*Übereinstimmung*）の原理を保存しているのでなけれはならない。こういう快は純粋に主観的であり、あらゆる規定された目的から切り離されたままである。それにもかかわらず、自然の合目的性と私たちの *Wohlgefallen*〔適意、快さ、満足〕とのあいだには、まさにある種の合意が成り立っていなければならない。もしもこうした調和（ハーモニー）がなかったとしたら、*Wohl*〔よさ〕は説明されないだろう。しかるに、この合意は諸々の概念によっては明示されないし、証明されることもない。それゆえ、そんな合意はまさに別の仕方で自らを告げるはずである。

こうした合意は、いかにして自らを告げるのだろうか。言いかえれば、そうした接合［adhérence］は、すなわち接合と非接合［non-adhérence］とのあいだの接合は★23、いかにして自らを告げるのか。☆3

諸々のしるし＝記号［signe］によって自らを告げるのである。ここに、『判断力批判』における記号作用＝意味作用［*signification*］に固有＝本来の場が認められる。すなわちその最初の場が見分けられる。〔このテクストにおける〕その後のあらゆる記号作用＝意味作用は、この場に依存することになるだろう。つまり自然は、まさしくしるしと痕跡（それらはここでは区別されない）によってこそ、私たちに以下のことを告げるのである。すなわち一方で、自然に固有な産出の合目的性と、他方で私たちの利益・関心のない *Wohlgefallen* とのあいだには、たとえこの *Wohlgefallen* が目的から切り離されているようにみえるとしても、一致、照応が、また合奏、相互の

☆3　こうした問題については、また〈目的－なし〉のなしにという問題については、次の論考を参照されたい。*Le parergon*, II（*Le sans de la coupure pure*)〔« Parergon », (III), *op. cit.*, pp. 95-135 ;「パレルゴン」（III　純粋な切断の〈なしに〉）、前掲書、一三四－一九二頁〕。

合意＝合致（*Übereinstimmung*）があるはずである、ということを告げるのだ。

しかし理性はまた次のようなことにも、関心をもっている。すなわち、諸々の観念＝理念が（そして、そうした観念＝理念に対する直接的な関心が生じるのは、モラル的感情において、理性がそういう関心の生じるよう方向づけるからであるが）客観的な現実性をもつ、ということである。言いかえると、理性は、自然が少なくともある痕跡（*Spur*）を示している、もしくはあるしるし＝記号［*Wink*：沈黙のうちに示されるしるし、シグナルあるいは目くばせ、つまり言説の代わりとなる、簡潔で密かな告知］を与えている、ということに関心をもっているのである。そうした痕跡あるいはしるし＝記号によって、自然は自分自身のうちにある種の根拠を含んでいる、ということ、すなわちあらゆる利益・関心からは独立したわれわれの快（証明によって基礎づけることはできないにせよ、われわれが各人にとってア・プリオリな法則として認めるところの快）と自然の産出とのあいだの合致（*Übereinstimmung*）を想定させる根拠のようななにかを含んでいる、ということに関心をもっているのだ。それゆえまた、理性は、そのような合致が自然によって外化（*Äusserung*）されるということにも関心をもつはずである。したがって、精神〔ゲミュート、心情〕は自然の美しさを省察しようとすればそれと同時に、自らがこういう美に関心をもっている、ということに気づかずにはいられない。そんな関心はまさにモラル的関心に似通っているのである(*der Verwandschaft nach moralisch*)。〔第四二節〕

こうして、利益・関心のない快にほかならない〔自然の美しさの〕省察が、まさに美しいものに対するモラル的関心を生じさせることになる。奇妙な動機づけである。利益・関心のなさ〔無私無欲〕において得られる利益・関心。〈利益・関心－なし〉から生じる利益・関心。私たちにとってはなにも利益・関心のない、自然の産出から引き出されたモラル的〔道徳的、精神的〕な収益。こんな自然の産出から、ひとは利益・関心なしに財＝富を得ることになる。特異な剰余価値である。つまり純粋な切断の〈なしに [sans]〉から生じる、独特の、モラル的な剰余価値である [singulière plus-value morale du *sans* de la coupure pure]★24。こうしたこと一切は、自然が示す痕跡(*Spur*)やしるし(*Wink*)と必然的な関係をもっている。なにゆえ自然は私たちにしるし＝記号を残しているのかと言えば、それは、私たちが、純粋な切断の〈なしに [sans]〉ということにおいて、それでもなお得をするよう、私たちの目的を満足させるよう保証されている、と感じることができるためである。さらにはまた、私たちの株〔評価〕や値打ちが、モラル的な意味で、値上がりするのを眼にするよう保証されている、と確かに感じることのできるためなのである。

そして、こうした論証を、微妙なもの、もっともらしいもの、あまりにも手の込んだもの（*studirt*）とみなすだろうと思われる人々に答えるべく、カントは趣味判断とモラル的判断のアナロジーをもっと詳しく述べている。

> 以下のように言うひともいるだろう。すなわち、モラル的感情との類縁性に基づいて美的な判断をこのように解釈すること（*Deutung*）はあまりに微妙なものであって、これを、自然がその美しい諸形式において象形的に（*figürlich*）われわれに語りかける（*uns spricht*）ところの暗号化された言葉＝文字表記（*Chiffreschrift*）の真なる解釈（*Auslegung*）であるとみなすことはできない、と。しかし……

それゆえ、〔自然が私たちに示す〕美しい諸形式（フォルム）というのは、なにも意味するわけではなく、私たちにとってはいかなる規定された目的ももたないのであるが、しかしそれらのフォルムはまた、そのこと自体によって、秘められた〔暗号化された〕しるし＝記号でもある。いわば自然の産出のなかに託された象形的なエクリチュール〔暗号文、暗号文字表記〕でもあるのだ。純粋な切断の〈なしに［sans］〉というのは、実のところ、自然が私たちに語りかける言葉〔ランガージュ、語法〕である。自然は自らを秘めることを好み、もの＝事物［choses］のうちに自らの署名を書き込むことを好むのだが、そういう自然が私たちに向かって語る言葉なのである。こうした命題にとって、つまりヘラクレイトスにも、*signatura rerum*〔もの＝事物の署名〕という領野にも、そして『判断力批判』の総体的布置にも共通する命題にとって、エピステミックな〔エピステーメーに関わる〕枠組みを即興的に考えてみてほしい。そうすれば、それぞれ単独では収まらず、パレルゴンを悩ませることになる、ということがわかるだろう。

こうして、〔自然の美しい〕諸形式という、意味することのない、ノン・ランガージュ。すなわち、いかなる目的ももたず、いかなる意味ももたない〔美しい〕諸形式という、非－言語活動――そんな沈黙こそ、自然と人間とのあいだの一つのランガージュなのである。

語るように思われるのは、ひとえに美しい諸形式、純粋にフォルム的な美だけである、というのではない。諸々の装飾・衣装のようなもの、そして感覚を刺激する魅力もまたなにかを語るように思える。ただし、これらの装飾・衣装や感覚的刺激は、カントの考えでは、誤解されており、しばしば美しい諸形式と混同されているのである。たとえば、色彩とか音などは、そうした〔感覚〕刺激的魅力である。〔カントによれば〕あたかもそんな刺激的魅力が「より高い意味」(*einen höhern Sinn*) をもっているかのように、あたかもそうした感覚の変様 (*Modificationen der Sinne*) がより高尚な意味をもち、「いわば一つの言語」(*gleichsam eine Sprache*) を保有しているかのように、事態は進行する。それゆえ、百合の白い色は精神を無垢という観念に「適応させる」

(*stimmen*) ように思える。また赤から紫までの七色は、それぞれ崇高、勇敢、率直、温情、謙虚、剛毅、柔和という観念を与えるのである。

こうした記号作用＝意味作用は、客観的な真理として措定されているわけではない。そもそも私たちが美からモラル的な関心を受け取るということは、あることを前提にしているのであり、それはつまり自然が示す痕跡やしるし＝目くばせは、概念に基づく学知によって客観的にコントロールされる必要がない、という前提である。私たちはさまざまな色彩を一つの自然な言語活動（ランガージュ）として解釈する。そして、そうした解釈的な関心こそが重要なのである。問題なのは、自然が私たちに語るのかどうかを知ること、こう言おうとしているのか、ああ言おうとしているのか、を知ることではない。そうではなく、自然がそうしたことを行なう、ということへの私たちの関心であり、またそうしたことを必然的に含んでいる、ということに対する私たちの関心である。さらには、美という利益・関心のなさのなかへモラル的な関心が介入する、ということである。こうした関心の構造そのものに、次のことが属している。すなわち、私たちが暗号化された言語活動の誠実さ、忠実さ、正真正銘な本来性を信じている、ということである。たとえその客観的な統御が不可能なままにとどまるにせよ、そうなのである。

そしてもっと後で、カントは同じことを詩について述べるだろう。すなわち、忠実さや誠実さなくしては、詩は詩がそうであるところのものではないのだ、と。あたかも自然の口を通じてであるかのように詩人の口を通して語るもの。自然の声や詩人の声によって口述され、自然の手や詩人の手によって書かれるもの。それは正真正銘なものでなければならず、かつ真実を告げるものでなければならない。たとえば、詩人の声が、静まり返った夏の晩、優しい月明りのもと、人気のない茂みのなかで囀る小夜啼鳥（ナイチンゲール）の歌声を称讃する詩歌を朗誦するとき、これら二つの歌における口から口への対応、あるいは嘴から嘴への対応は、正真正銘なものでなければならない。いま仮に〔田園を訪れた客人を歓ばせようと望んだ主人に頼まれて〕あるいたずら者が「葦かイグサを口にあて」小夜啼鳥の歌声をまねたとしよう。そういう詐術が明るみに出るやいなや、だれしもそんな歌声は聴くに耐えないと感じることだろう。そのように感じることなく、もしそうしたことを好むとするならば、そのひとの感情は粗野であるか、あるいは高貴さを欠くのである。「美しい自然への感情」を奪われている人々を特徴づけるために、カントはもう一度口に関わる例に頼る。（そして、ここで扱われているのは、ある種の口例性［exemploralité］なのだ。）私たちは、美しい自然への感情をもっていない人々の「考え方」、そして「飲食において感官による官能的感覚を享受することで満足する」人々の「考え方」を、粗野で高貴さを欠く、と判断するのである。最初の口例性、範例的口唇性［oralité exemplaire］においては、歌うことと聴くことが問題になっている。つまり消費＝飲食することのない声、あるいはイデア的な仕方による消費＝飲食が問われているのであり、一つの高められた感性ないし内面化された感性が問題にされている。二番目の口例性においては、消費的＝飲食的な口唇性［oralité consommatrice］が問題になっている。こうした口唇性は、そのように飲食的なものとして、私利私欲に関心づけられた趣味＝嗜好＝味覚［goût］であり、あるいは楽しみ味わうこと［dégustation］であって、純粋な趣味にあずかることはできないだろう。ここにはすでにある種のアレルギーが告げられている。それは、口腔のなかで、一方で純粋な趣味＝嗜好＝味覚［goût］と、他方で楽しみ味わうこととのあいだに見出されるアレルギーである。次に私たちを待ち受ける問いはなにかと言うと、それは、嫌悪＝吐き気［dégoût］をどこに書き込むべきなのか、という問いである。この嫌悪＝吐き気というものは、楽しみ味わうことに背を向けるのであるから、一種のカタストロフ〔破局＝転回〕に応じて、やはり純粋な趣味＝嗜好の起源にあるのではないだろうか？

いずれにせよ、口はここではもはや、その他諸々の場と同じような一つの場を占めているというのではない。口はもはや身体のトポロジーのなかに位置づけられず、すべての場を組織しようとし、またすべての器官の場所を定めようとする。体系の os〔骨格たる口〕、味覚の場ないし消費＝飲食の場である口、しかしまた同時にロゴスを発信し産出する口。[★25] それはなおアナロジーのなかの一つの項であるだろうか。口をあれやこれやのものと較べること、より上位の、あるいは下位のしかじかの孔と、形象（フィギュール）によって比較することができるだろうか。口はそれ自身アナロジーではないだろうか。ちょうどすべてがロゴスそのものへと遡行するように、あらゆるものがそこへと遡行するところのアナロジーではないだろうか。os〔骨格たる口〕は、たとえばもはや肛門に代替可能な一つの項などではなく、階層秩序の高位に、あらゆる類似物（アナロゴン）に対し絶対的なものとして自らを規定している。そして、さまざまな対立する価値のあいだの、つまりその時々に対立するあらゆる諸価値のあいだの分裂は、口を経由することになるだろう。口が良いとみなすもの、あるいは口が悪いとみなすものがあるのであって、これは感性に応じて、あるいはイデア〔理念〕性に応じてそうみなされる。同様に、口に入る仕方や口から出る仕方も二つの仕方がある。すなわち、その一方は表現的かつ発信的な仕方である（最良の場合には、詩人が詩を表現し、発信する仕方である）。そして他方は、むかつきや吐き気を催させ、嘔吐させるものであろう。

このことを明示するためには、回り道をしなければならない。つまり、「芸術の区分について」（第五一節）を考察しなければならない。カントはこの節の直前〔第五〇節〕で、ある枠づけに従いつつ、趣味を第四のタームとして、すなわち芸術［Beaux-Arts］が要求する三つの能力、想像力、悟性、精神を統一する第四の項として規定していた。「最初の三つの能力は、第四のものによって初めて、その統一へともたらされる。」こうした枠づけ効果［effet de cadrage］は、私たちがずっと追跡してきたものである。

「芸術の区分について」と題された節は、以下の三つの主要なモチーフによって私たちの関心を引くだろう。第一に、この節では表現［*expression*］というカテゴリーが活用されていること。第二に、この節は人間身体の表現組織［organisation expressive］に即したかたちで記述されていること。第三に、そうした二つの理由から、この節は諸芸術についての記述を階層秩序的に組織化しているということである。この三つのモチーフは分離しえない。

そのため、ここでは、ある種の力業［coups de force］が必要であり、枠で囲むこと［encadrement］に伴う暴力性がなくてはならない。その刻印はカントの修辞法のなかにとどめられている。この節の最初の文章はこう始まる。「われわれは一般に美を（それが自然美であると芸術美であると問わず）美的な観念＝理念の表現と呼ぶことができる。」芸術［Beaux-Arts］においては、対象の概念は表現に先立って存在する。そのことは、自然においては必ずしも必要なことではない。が、しかし〔対象が本来なにであるかということの〕概念の不在は、自然美を観念＝理念の表現とみなすことを妨げはしないのである。

では、なぜ表現なのか。なぜ、それを表現と「われわれは呼ぶことができる」のか。われわれ、とは、誰であるのか。いかなる権利によって？　また、なぜ観念＝理念の表現なのか。

カントは、こうしたことについて語ってはいない。こうしたことは自明なのである。彼が語っているのはただ彼が語っていることだけ、つまりそれが表現するということ、そしてまもなく確認されるようになるとおり、表現のうちの最高のものは〔言葉で〕言われるものであるということ、それが表現することをそれが〔言葉で〕言うということ、それが口を経由するということだけである。そして口は、自分自身で自らを触発するということ、というのも口は外部からはなにも得ず、ただ自らが外部へと発信することに快を抱くゆえに、自分自身で自己触発する、ということである。

美は表現である（たとえ美はなにも意味するわけではない、としても）。このことが、こうして公理として強制的に措定されることから発して、まったく自然な仕方で、芸術の区分が、人間の有する、いわゆる「表現の」器官に参照した区分というかたちで生じることになる。実際、芸術［Beaux-Arts］は人間のアートでしかありえない、ということは、〔カントの議論において〕すでに認められていた。ただカントは、人間における表現器官の機能に即して芸術を分類するつもりであることを説明しつつ、そこにはやや力業が目立っていることを感じている。彼の気詰まりを示すしるしは多くある。「したがって、われわれが芸術を区分しようとするなら、少なくとも試みに最も便利な原理として選ぶことができるのはなにかと言えば、それは、人間がその談話（*Sprechen*）において、自分たちの概念を伝え合い、またそれのみならず自らの感覚もできるだけ完全に伝達し合うために役立てている表現の諸種の仕方と、芸術とのあいだのアナロジーである。」ここに付けられた註では、カントの困惑が見て取れるが、次のように呼びかけられている。「読者は、芸術のこうした可能的区分の素描を計画的に立てられた理論であると判断しないでいただきたい。これは、さらに試みることができるし、また試みねばならない、数多くの実験のうちの一つにすぎないのだから。」後続するページに付された別の註においても、まったく同じことが言われている。

したがって、原理はアナロジーである。それもきわめて特殊なアナロジーである。*Sprechen*〔言葉を語ること〕とのアナロジー、つまり談話＝言語活動との、そしてその諸々の様態とのアナロジーである。すべては談話＝言語活動へと遡行する。談話＝言語活動はすべてを自分自身に、すなわち関係の理由＝根拠であり、また関係の項でもある自分自身に関係づけるのであるが、そんな談話＝言語活動によって、アナロジーは産み出される。

談話＝言語活動を分解すると、そこに見出されるのは、語句＝文［*mot*］、所作＝身振り［*geste*］、口調＝声調［*ton*］である。そこから類推すれば、芸術には三つの種類しかないだろう。すなわち、言葉を語るもの（*redende*）、造形的なもの（*bildende*）、感官の外的印象としての「感覚の戯れ」（*Spiel der Empfindungen*）の芸術である。

そして次に、言葉を語ることに関わる芸術は、結局のところ雄弁＝語り物（*Beredsamkeit*）と詩（*Dichtkunst*）とに分けられるのだが、こうした概念の広大な一般性は、他のいかなる文学的芸術もここでは問題になっていないということを説明している。しかし、この概念はまたきわめて純粋な概念でもあり、いろいろ複雑な組合せによって、悲劇、教訓詩、聖譚曲（オラトリオ）など諸々の詩的ジャンルが得られるのである。雄弁家＝語り物作者と詩人はすれ違い、彼らの仮面を交換する。すなわち、〈あたかも〜であるかのように〉という仮面を交換する。装っているのは両者とも同じであるが、一方の〈かのように〉のほうが他方の〈かのように〉に較べ、より多くの価値、よりよい価値がある。詩人の〈かのように〉は、真実－真理に、忠実さに、誠実さに、そして産出的な自由に奉仕するのであって、それゆえより多く表現し、またよりよく表現するのである。雄弁家＝語り物作者の〈かのように〉は、欺き、たくらむ。それはまさに一つの策略＝機械［machine］であり、あるいはむしろ、人間をまるで「機械のように」扱う「欺く芸術」である（第五三節）。雄弁家＝語り物作者はなんらかの真面目な事柄を告げるが、あたかもそれが諸観念（イデー）の単なる戯れであるかのようにこの事柄を扱う。詩人は諸観念の戯れを提案するが、あたかも自分が悟性の事柄を扱っているかのようにふるまう。雄弁家＝語り物作者はなるほど彼が約束しなかったもの、すなわち想像力の戯れを与えるけれども、しかし彼はまた与えると約束したこと、あるいは行なうと約束したこと、つまり悟性の働きをしかるべく維持するということを、十分には行なわないのである。詩人は逆のことをする。すなわち詩人は戯れを告げ、しかも真面目な仕事をする（*eines Geschäftes würdig*）。雄弁家＝語り物作者は悟性を約束しつつ、想像力を与える。詩人は想像力と戯れることを約束しつつ、悟性に養分を与え、諸概念に生命を与えるのである。こうした養分の隠喩は、私がそれをカントに押しつけているわけではない。詩人が戯れつつ、悟性にもたらすのは養分（*Nahrung*）であり、そしてそのようにして詩人が行なっているのは、諸々の概念に生を与えること（*Leben zu geben*）なのである。このように諸概念が受胎され、生命を授けられるのは、想像力と耳を経由することによってであり、栄養は口から口へ、口から耳へと摂取される。そうした栄養摂取は、それが約束するよりも多くの養分を与えることによって、有限な契約をはみ出し、溢れ出すのである。

言葉を語ることに関わる芸術の最高位の最高位に位置するのは、詩である。詩が最高位に（*den obersten Rang*）あるのは、それがほとんどすべて天才から発出するからである。それゆえ詩は、その「起源」によって、自由な産出性の最も近くに位置しており、この自由な産出性は自然の産出性と競合するほどである。詩は模倣することが最も少ない芸術であり、したがって神の産出性に最も似ているのである。詩は想像力を自由にすることによってより多く産出し、もはや外的な感性的自然の形式によって制限されることはないので、さらにいっそう戯れる。産出的想像力の栓を抜くことで、詩は他の諸芸術の、定まった限界を吹き飛ばすのである。

詩は心〔ゲミュート〕を広々と拡張する。想像力を自由にすることによって。また、ある一定の与えられた概念の限界内において、その概念にふさわしい、無数の多様な諸形式のうちで、ある種の形式を提示すること（*darbietet*）によって。そういう形式とは、その概念の表示＝描写（*Darstellung*）を、あり余るほどの思考の充溢（*Gedankenfülle*）に、つまりいかなる言語表現（*Sprachausdruck*）であろうとそれに完全に適合する（*völlig adäquat*）ことはできないほど満ち溢れる思考に結びつける（*verknüpft*）ような形式であり、それゆえ美的に自らを観念＝理念にまで高める（*sich erhebt*）ような形式である。詩に心を強化する。心に対し、その自由な、自発的な機能＝能力、自然による規定からは独立した能力を感じさせることによって……　〔第五三節〕

ここでの規準は、提示＝プレゼンテーション（*darbieten, darstellen*）に基づいている。詩はより多く、そしてよりよく提示する――充溢を。詩は（表現の側の）提示を、思考＝思想の充満へと結びつける。詩は、提示するもの［le présentant］を、提示されるものへと、すなわちその充溢における提示されるもの［le présenté］へと、よりよく「結びつける」。詩は、私たちを感性的自然の限界から自由にする限りにおいて、充満しているものを、つまり概念的思考の充満、あるいは観念＝理念の充満を、より多く提示し、またよりよく提示するのである。たしかに詩は一つのアート、一つの美しいアートにとどまっており、やはり想像力に依存している。そして、あらゆる言語活動がそうであるように、詩もまた非感性的なもの〔可感的ではないもの〕の絶対的な充溢に適合することはない。そこでカントは、さきほど引用した箇所〔「自由な、自発的な、自然による規定から独立した機能＝能力」について述べた箇所〕に続く部分で、そういう能力は、超感性的なもののいわば「図式〔シェーマ〕」として用いられる、と語っている。想像力はまさにカント的図式論〔シェーマティスム〕の場であり、心の奥深くに隠されている、あのアート〔技法＝技芸〕の名であるが、しかし、ここでもっとよくわかるのは、そういうアートが「言葉を語るもの」であるということ、そしてまさしく「詩的なもの」であるということである。

なにゆえ、詩的なものにはこうした特権があるのか。いったいなにが、詩を雄弁＝語り物の上におくのか。詩が言葉を語ることに関わる芸術一般と分かちもっているもの、すなわち〈自分が話すのを聴くこと〉という構造（口－耳という構造）に基づくものを超えた仕方で。★26

それは、詩が真実＝真理と結んでいる関係である。もっと正確に言えば、詩の真正さ＝正真正銘、真摯さ、誠実さである。つまり詩が自分自身へと忠実に適合していることである。たとえ *ad rem*〔事物そのものに即している〕のではないにしても、自らの内に含まれた内容へと忠実に適合していることである。このことが、提示＝プレゼンテーションにおいて、意味の充満を保証する。つまり、提示された思考に満たされた、意味の充満を保証するのである。これらの価値〔真正、誠実、忠実、適合、プレゼンテーション（提示＝現前化）、充満、などの価値〕は、狭い意味でモラル的である、あるいは即座にモラル的な価値である、というわけではない。モラル的な審級は、それ自身、充満した現前性という価値から、あるいは充満したパロール〔言葉〕という価値から派生的に生まれるのであり、そういう価値に依存している。詩人が約束するより多く与えるとき、彼はたしかに一つの贈り物〔プレゼント、現在＝現前的なもの〕を与えているのであって、真正な贈与をしているのである。真実の贈与であり、贈与の真実である。詩人は欺くことがないのはなぜかと言えば、それは彼が思考の充溢（*Gedankenfülle*）を提示するからである。さらにまた詩人は自分が想像力と戯れるということ、そして不適合な図式［schèmes inadéquats］と戯れるということを告白するからでもある。

> 詩は自らが意のままに作り上げる（*bewirkt*）外観＝仮象と戯れるが、しかしそれによって欺くことはない。というのも、詩は自らその営為＝作品を単なる戯れであると言明するのであり、しかもこの戯れはそれにもかかわらず悟性によって、それ固有の操作に適した仕方でうまく使用されうるからである。

詩は、自らが戯れると言明することによって、欺くことをしない。そしてそのうえ、詩の戯れは、なにも外的な制限づけなしに、「意のままに」外観＝仮象を作り上げる、という一つの自己－触発［auto-affection］であって、真面目に真実に奉仕するのである。充満した現前性という価値は、詩的なものの真実とモラル性とを同時に保証する。こういう充溢性はもっぱら〈自分が語すのを聴くこと〉という内部性においてのみ成就されるのであり、そしてそんな内部化は、詩という形式性のおかげで都合よく進められる。というのもこの形式性は、外的な感性的内容に援助を求めることをしないですますからである。

それとは逆に、雄弁＝語り物は欺くアートとして定義されている。つまり美しい外観＝仮象によって、また感覚に訴える提示＝プレゼンテーション（*sinnliche Darstellung*）という術策によって、説得のからくり＝仕掛け（*Maschinen der Überredung*）によって、期待を抱かせつつ失望させるアートである。カントは、古典的なやり方でからくり＝仕掛けを批判しているが、それが意味するのはまさに次のことである。すなわち言説が他者に対して効果を生み出すとき、そういう言説を構成する言葉（パロール）を作者の意図・志向が少しも活気づけておらず、満たしていないにもかかわらず、言葉だけは他者への効果を産出する、ということへの批判である。そうした〔ソフィストのような〕詭弁的テクネー〔技芸〕は、偽りの生であり、中身のない、空虚なシンボリズム〔記号体系〕にすぎない。

アートは表現するものだとすれば、そして言葉（パロール）は他の表現様式に較べてより多く表現するものであるとすれば、詩における言葉は最もよく語る言葉であることになる。詩の言葉において、内部性は、その充溢したかたちのうちに、他においてよりもっとよく自らを産み出し、よりよく自らを保持する。そしてこうした内部性は利益・関心のない快を産み出すのだが、そんな快は最もモラル的で最も真なるもの、最も現前的で最も高められたものであるのみならず、最もポジティヴ〔陽画的、肯定的、実定的〕な快でもある。比類のない〔価格のない〕快である。詩における言葉は、諸価値の交換を断ち切り、要求されるよりも多く与え、約束するよりも多く与えるのであり、交易－交流の外に、少なくとも限定された交易＝交流の外に存在し、規定された価値をなにももたないと同時に無限の価値をもつ。詩における言葉は価値の起源である。詩の言葉は、価値の尺度のうちで絶対的な高みを占めており、そういう尺度に応じて、すべては計測される。詩の言葉は一般的なアナロジー的等価物であり、諸価値の価値なのだ。詩の言葉においてこそ、喪＝哀悼の作業は、他なるものによる触発［hétéro-affection］を自己－触発に変えることによって、利益・関心のない快を最大限にまで産出するのである。

こうした口例性〔範例的口唇性〕は、一方で、*gustus*〔趣味、嗜好、味わうこと〕の構造（すなわち口蓋、唇、舌、歯、咽喉のあいだの関係、また *gustus reflectus*〔反省される趣味〕と *gustus reflectens*〔反省する趣味〕の対比などから成る構造）と、どんな関係をもっているのだろうか。さらにまた他方で、こんな口例性は、〈自分が話すのを聴くこと〉とは、いかなる関係があるのだろうか。そしてそうした過程において、ネガティヴ〔陰画的、否定的〕なものの位置、とりわけ「ネガティヴな快」の位置は、いかなるものなのだろうか。

聴覚は五感のなかである種の特権をもっている。カントの『実用的見地における人間学』の分類によれば、聴覚は客観的な感官（触覚、視覚、聴覚）のうちに入り、また視覚および聴覚は対象についての媒介的な知覚を与える。客観的な感官は、私たちを外部に関係づけるのである。味覚と嗅覚は、そうしたことを行なわない。つまり、味覚や嗅覚においては、感性的なものはたとえば唾液と混じり合い、その客観的な在りようを保つことなしに器官のなかへと侵入する。媒介的な客観的知覚は、視覚と聴覚とに割り当てられており、これらは光や空気の媒介を必要とするのである。触覚はどうかといえば、これは客観的で直接的なのである。

したがって、媒介的な客観的感官としては、聴覚と視覚の二つがある。では、いかなる点において、聴覚は視覚を上回るのか。それは空気への関わりという点においてである。声による産出は空気を運動させるのに対し、眼差しは空気を運動させることはできないのだ。

声の器官である口によって運動させられる〔空気という〕この要素のおかげで、まさしく人間は、より容易に、より完全に、さまざまな思考や感覚を他者たちと共にすることができるのである。このことはとりわけ、各々の人間が、他者に聴き取ってもらうために発する音声がはっきりと分節化され、それらの声が悟性のおかげで法則に応じて結合されて一つのラング〔言語〕を構成する場合に、なおさらあてはまる。聴覚によって物＝対象（オブジェ）のかたちが与えられるのではないし、言語的音声（*Sprachlaute*）がオブジェの表象へと直接的に導くわけでもない。しかし、まさにそれゆえに、そして言語的音声はそれ自身においてはなにものをも意味せず——少なくともいかなるオブジェも意味せず——、ただせいぜいのところ内的感情だけを意味するぐらいであるがゆえに、だからこそいっそう言語的音声は概念を特徴づけるのに最も適した手段なのである。こうした二重の聴覚障害者は発声障害者のままにとどまらねばならず、せいぜい理性の類似物（アナロゴン）にアクセスするぐらいが関の山であって、それ以上のものにはけっして到達しえないのである。

（『人間学』第一八節）

「より容易に、より完全に」とは、いかなる外的手段も必要ではなく、そこではいかなる外部的なものも障害にならない、ということである。言語的音声においては、コミュニケーション〔伝達、疎通〕はより自由であり、より自発的である。そこでは内部性がダイレクトに表現されるので、この伝達＝疎通はまたより完全でもある。これらの理由すべてのおかげで、この伝達＝疎通はより普遍的なのである。〔『人間学』を継承しつつ〕『判断力批判』は、さらに口調と抑揚について語りながら、こうした言語的音声による伝達＝疎通のなかに、一種の「普遍言語」を認めている。言語的音声は、外的な感性的〔可感的〕事象を自然な仕方で表象〔再現＝代理〕しているわけではまったくない以上、もっと容易に、悟性の自発性に結びつく。はっきりと分節化されることで、言語的音声は悟性の法則に合致しているランガージュ〔言語および言語活動〕を提供するのである。

ここで問題になっているのが、音声的シニフィアンの恣意性である、ということはたしかである。音声的シニフィアン〔シーニュ＝記号の表現面、意味するかたちの面〕は自由の領界に属しており、それゆえ内的な、あるいはイデア的なシニフィエ〔シーニュ＝記号の内容面、意味される内容の面〕しかもつことができない。つまり概念的シニフィエしかもちえない。一方で概念と、他方で〈自分が話すのを聴くこと〉の体系のあいだには、また可知的なもの＝知的にのみ理解されるものとパロール〔音声的・口頭的な言語活動〕のあいだには、特権的な絆がある。〈自分が話すのを聴く〉という言い方がどうしても必要である。なぜならこの構造は自己‐触発的であるから。そこでは、口と耳とは切り離すことができない。その証拠は、経験的なものと超経験的なものが接合する地点において求められるのであり、聴覚障害者は発声障害者である、という点にある。聴覚障害者はロゴスそのものには到達しない。別の感官、別の器官によって、彼らはロゴスを模倣することはできる。ある種の空疎な、外的な関係においてなら、ロゴスと関わりをもつことはできる。しかし、彼らは、あらゆるアナロジーを規則づけているもの、すなわちそれ自身がアナロジー的であるわけではなく、むしろアナロジーの根拠＝理由、アナロジーのロゴスを形成しているもの、そうしたものについては、ただその類似物（アナロガン）にしか到達しないのである。すべてはそういうロゴスへと遡行するのであるが、しかしこのロゴス自身は体系の外にある。つまりロゴスは、自らの目的や起源として、河口［embouchure］や源泉として体系を方向づけているにもかかわらず、自分自身はそんな体系の外にあるのだ。だからこそ、口［bouche］は身体における多くの孔のそれぞれと、その孔が口より上にあろうと下にあろうと、類比関係をもつことはできるのであるが、かといってそれらの孔と単純に交換しうるわけではないのである。すべての感官に代替性があるにしても、そのことは、聴覚という感官、つまり〈自分が話すのを聴く〉ということに関わる感官については、まさにその通りである、とは言えない。聴覚は感官の体系において独自な位置を占めている。それは感官のうちで最も「高級」なものであるわけではない。最も高級なのは視覚であり、視覚は触覚から最も離れていて、他の感官に較べて物＝対象（オブジェ）によって触発される度合いがより少ないのである。この意味において、美はヴィジョン〔視像、視覚〕と一つの本質的な関係をもっている。つまりヴィジョンは消費＝飲食すること〔オブジェによって触発されること〕がより少ない、という限りにおいて、美はヴィジョンと本質的なつながりをもつ。喪＝哀悼は視覚を前提としているのである。*pulchritudo vaga*〔自由な美〕は、とりわけ視覚によって見るべきものとして自らを与えるのであって、*theorein*〔観照すること〕のために消費を宙吊りにしつつ、自然のなかで純粋な趣味＝味わいの対象を形成する。これに対し、美しいアートとしての詩は、あらかじめ一つの概念を前提にしており、もっと付着的な美［beauté plus adhérente］を生じさせ、場を与えるのである。〔自然のなかで、というよりも〕より現前的な地平、つまりモラル性の地平のなかで、そうするのだ。

たしかに聴覚は最も高級な感官ではないけれども、しかし聴覚は最も代替しがたい感官であるという点から、絶対的な特権をもっている。聴覚は代理を許容しないし、代替性というものにはほとんど無縁である。

感官の代替（*Vicariat der Sinne*）ということ、つまりそれぞれの感官を別の感官の代わりとして利用するということはありうるのだろうか。過去において耳が聴こえることのあった聴覚障害者の場合、ひとは手話を通じて、したがって視覚のおかげで、彼から通常の言語を引き出すことができる。また唇の運動を観察することによる場合も、そうした唇の運動を不明瞭ながらも触覚的に感覚することから、同じような結果がもたらされうる。しかし、生来の聴覚障害者の場合、視覚はまず発声器官の運動から出発しなければならない。そして、教育によって獲得された音声を〔発声できるようになるために〕彼独自の筋肉運動感覚へと変換しなければならない。それでも、そのことによって、彼が実際的・現実的な概念（*wirklichen Begriffen*）をもつに至るわけではない。というのも、彼が使用しなければならない記号はいかなる普遍性ももちえないからである。（中略）どんな感官の欠如（*Mangel*）ないし喪失が最も重大であるだろうか。聴覚のそれであろうか。視覚のそれであろうか。聴覚の欠如ないし喪失は、それが生まれついてのものであるとすれば、あらゆるもののうちで

最も代替（*ersetzlich*）しがたいものである……　（第二三節、M・フーコー訳を一部改訳）★27

聴覚は代替器官を認めず、まったく独自な位置を占め、その自己‐触発的構造によって視覚から区別され、〈自分が話すのを聴くこと〉によって構成されており、いわば内部のすぐ間近にあって、概念に近接している。であるからには、聴覚は他の感官のうちの一つどころではない。それは外的感官でさえない（たとえ、通常行なわれている分類法に反するとしても）。聴覚は明らかに、カントが内的感官と呼ぶものと類縁関係をもっている。しかるに、内的感官とは唯一のものであり、その作動する領界、その「形式」は、時間である。ちょうど〈自分が話すのを聴くこと〉がそうであるように。この聴覚という感官は、他の諸感官と同じように人間学の管轄によるのではなく、本来的には、むしろ心理学の管轄に属している。こうして、〈自分が話すのを聴く〉ということは、唯一のものである内的感官ときわめて特異な関係をもっており、また『判断力批判』において卓越した位置を占めている。そういう点からわかるとおり、〈自分が話すのを聴くこと〉は、こうした問題系を、人間学的な空間から引き離す。そして、この引き離しから帰納しうるすべての結果とともに、問題系を心理学的な空間内へと移行させるのである。

第一四節。内的感官というのは、純粋な統覚［aperception］ではない。人間が行なうことについての意識ではない。というのも、そうした意識は思考能力の管轄に属するものだからである。そうではなく、内的感官は、人間が感じる［*éprouver*］ことについての意識である。つまり人間が、自分自身の思考の戯れによって触発される程度に応じて、まさにちょうどその限りにおいて、感じることについての意識である。この意識の根底には、内的な直観がある。したがって、時間における諸表象のあいだの関係（それらの表象は、同時的なものもあれば継起的なものもあるが、そういう諸表象の関係）がある。こういう意識の諸々の知覚。そして、それらの知覚の結びつきによって構成される内的な経験（真なる、あるいは見かけ上の経験）。そうしたものは、人間学の管轄によるだけでなく、心理学の管轄にも属している。前者においては、人間が魂を（特異な非身体的実質として）もっているのかどうかを知るという問いがおろそかにされている。だが、後者においては、そうした魂のようなものが自らの内に知覚されると信じられており、そして精神は、感覚し思考する純粋な能力という資格で表象されているのであって、人間のうちに宿っている特殊な実質とみなされている。――そうであるからには、唯一の内的感官しかないのである。なぜなら、人間が自分自身の内的印象を受け取るとき、種々の異なった器官があって、それら別々の器官によって受け取る、というようなことはないからである……

（『実用的見地における人間学』、第二四節）

〈自分が話すのを聴くこと〉は、それがやはりある種の口を経由する限りにおいて、すべてを自己-触発に変え、すべてをイデア化しつつ内部へと同化し、あらゆるものの喪=哀悼を行なうこと〔諦めること〕によってすべてを支配=統御する。つまり、それに接触したり、それを自然に消化したりするのを諦め、断念するのだが、しかしそれをイデア的に消化する。〈自分が話すのを聴くこと〉は、自らが消費=飲食しないものを消費=飲食し、また逆も同様である。このようにして、諸々の判断を言表する可能性のなかに、利益・関心のなさを産み出すのである。まさにこうした口こそアナロジー空間を指揮するのだが、口そのものはそのアナロジー空間には含まれてしまうことはない。この巨大な「幻想〔ファンタスム〕」という位置、代替しえない位置から発して、口は快を整序するのである（ただし、そんなファンタスムがなにであるのかは、それらの効果が体系化される以前にはわからないけれども）。もし、そうだとすれば、こうした問題系の縁（ふち）、あるいはその〔縁を溢れ出す〕絶対的な横溢［débord］とは、いかなるものであろうか。この問題系の限界（リミット）を描き、またそのパレルゴンの枠組みを描く縁（内的であり、かつ外的でもある縁）とは、いったいいかなるものであろうか。言いかえてみよう。このように枠づけられ、階層秩序化され、整序された理論のうちに、なにが入っていないのであろうか。なにがそこから排除されているのであろうか。そして、そういう排除から発して、なにがそれにフォルムを、限界を、輪郭を、与えるのであろうか。また口と呼ばれるものに関して、〔縁を溢れ出す〕横溢とはどういうことなのか。口こそ快を整序しているのだから、つまり同化することやイデア的に自己－触発することに起因する快を整序するのであるから、いったいなにが口による自己－触発へと変えられるままにならないのか。つまり、os〔骨格たる口〕をテロス〔目的〕とみなすような、口唇的な自己－触発へと変えられずにいるのは、なになのか。なにが、口例性〔範例としての口唇性＝口唇という範例〕によって整序されるままにはならないのだろうか。

このような問いに答えはない。これこれであるとか、しかじかのものであるとか、そういうふうに言うことはできないだろう。なにゆえできないのかは、やがてわかるだろう。そして、この場合、例を見つけることが不可能であるということ。カントは、ある一定の時点において、例を挙げることができない状態に陥っていること。この点は、はっきりと目立っている。私たちにはしばしば、法則に先行する例を反省的様式で取り扱う必要があったが、それと同様に、私たちはある種の、例をもたない法則を発見することになるだろう。そしてまず私たちの答えを述べることになるだろうが、それはトートロジー〔タウトロギア＝タウトロゴス〕という形式における答えであり、問いを反転させた複製のような答えであろう。

このロゴス－フォーネ〔音声〕中心主義的な体系が排除するもの。それは、あるなにかネガティヴ〔陰画的、否定的〕なものである、ということさえない。ネガティヴなものは、この体系が関わる事柄であり、この体系の作業＝労働である。この体系が排除するもの。その作業＝労働そのものが排除するもの。それは、消化されるままにならないもの、表象〔再現＝代理〕されず、〔言葉で〕言われるままにはならないものであり、範例性によって自己－触発へと変えられるままにはならないものである。すなわち、還元しようのない異質性［hétérogénéité］であって、そんな異質性は可感的なものの次元においても、イデア的な仕方においても食べられるままにはならない。そして、それはけっして呑み込まれるままにはならないがゆえに――トートロジーであるが――吐き出されるはずのものである。

吐き出されるもの［le *vomi*］は、その特殊なパレルゴン的横溢から発して、こうした体系全体に自らの形式を与えている。したがって、吐き気＝嫌悪［dégoût］の経験としての吐瀉物の図式（シェーマ）は、ありふれたものではなく、まったく並外れた排除にほかならないことを、明示しなければならない。

吐き気＝嫌悪と吐き出されるものとの関係はどうなっているのか。問題なのはまさに、吐き出されるものであって、吐き出すことや嘔吐ではない。後者は吐き出されるものに較べて、嫌悪＝吐き気をそそることが少ないのである。というのも、吐き出すことや嘔吐は、ある種の能動性ないしイニシアティヴを含んでいるからであり、そこでは主体はなお自己－触発における統御を、少なくとも模倣し、夢想することができる。それゆえ自分で自分に吐き出させるということを信じられるのである。しかし、他なるもの＝異質なものによる触発はもはやあらかじめ消化されるべきものとして自らを与えることはない。つまり、ある種の〈自分で自分に吐き出させる〉方向へと変えるために、予備的に消化されることさえないのである。

それでは、なぜ吐き出されるものなのか。『判断力批判』は、超越論的イデアリスム〔観念論、理想主義〕の一般的な綜合［synthèse］となっているのだが、そういう『判断力批判』は、そのパレルゴンとして、なぜ吐き出されるものをもっているのか。

私はネガティヴなものが占めている位置から出発する。カントはネガティヴな快の可能性および概念を認めている。たとえば崇高の感情である。一方で「美はそれ自身で直接的に生の増大の感情を生じさせ、またさらには〔感覚を〕刺激する魅惑や想像力の戯れと結びつくことができる。それに対し、こちら［崇高の感情］は間接的にのみ湧出する（*entspringt*）快である。つまりこの快は、生の諸力が一瞬のあいだ抑制（*Hemmung*：引き留め、制止）され、続いてすぐに同じ諸力がますますいっそう強まって溢れ出す（*Ergiessung*：流出する）という感情によって産み出されるのである［この点に関する身体図式としては、*Wohlgefallen*〔適意、心地よさ、満足〕と快があるのだから、溢れ出すことに似ているのは、最初は嘔吐のように思われるとしても、むしろ射精の図式のほうであろう〔デリダによる註〕］」。さらに、カントは次のように続けている。「この〔崇高の〕

感情は強烈なエモーションであって、戯れに類するものをまったくもっておらず、想像力の真面目な営みに存するように思える。それゆえ、こうしたエモーションは〔感覚を〕刺激する魅惑と折り合うことはない。そこでは、精神は対象に魅惑され惹き寄せられているだけでなく、逆につねに新たに押し返されている。崇高の *Wohlgefallen* はポジティヴな快であるというよりも、むしろ感嘆や尊敬＝畏敬を含んでおり、ネガティヴな快と名づけられるに値するのである」（第二三節）。

たしかに崇高なものは、その多くの面のうちの一つによって〔精神を〕寄せつけず、押し返しているのだが、しかし崇高は美にとって絶対的に他なるものではない。崇高はなお、ある種の快を生じさせる。そのネガティヴな性格はなるほど諸々の機能＝能力のあいだに不一致を引き起こし、主体の統一性のうちにある混乱を生じさせる。だが、それはなお快を産み出すのであり、理性の体系はそれを説明することができる。ネガティヴなものは、やはり内的なものであって、沈黙に帰すわけではなく、〔言葉で〕言われるままになる。崇高それ自身が芸術のなかに生じることができる。崇高はたしかに沈黙を命じるし、それも息を呑むほどの、また言葉を差し控えるほどの沈黙を課すが、しかしその沈黙は、精神や自由にとって異質的なものであるというわけではまったくない。むしろ逆に、そこでは、再び自己所有〔再自己固有化〕する運動は、よりいっそう活発なのである。崇高において、私たちの感官に反して、また感性的な利益・関心に反して作用するもの（カントの考えでは、それらは抵抗であり、サクリファイスである）。それらは、ある種の領域が、そして能力が拡張することを見越し、当てにしているのだ。つまり、ネガティヴな *Wohlgefallen* の経験を通じて、犠牲を捧げること（*Aufopferung*）および奪われること（*Beraubung*）が生じるとしても、ひとは自分がそのように犠牲として捧げるもの以上、奪われるもの以上の領域や力（*Macht*）を獲得することが許されるのである（「反省的判断の解明に対する一般的注解」）。

エコノミー的計算は、崇高を呑み込むことを可能にする。あらゆる種類の「ネガティヴな快」、すなわちいま現にそういう快を感受している者を不快にさせるような快についても、事情は同じである。たとえば、貧しいけれども生来善良なある人間が、自分を愛してはいたものの吝嗇だった父の遺産を相続したときの喜びを、カントは挙げている。あるいはまた、優れた功績を遺した夫を深く哀悼する未亡人の苦痛を挙げている。この夫を亡くした妻の苦痛は、彼女にとって不快どころか快いものであろう。逆に、前者の例においては、親を亡くした子の喜びは彼にとって不快で、苦痛なのである（第五四節）。こうしたすべての場合において、それらが結局のところ同じことに帰すのかいなかという点は別にして、そこにはネガティヴな快がある。あるいは快のネガティヴ（とはいっても、快にほかならないもの）がある。そして喪＝哀悼の作業は、絶対的に妨げられているのではないし、絶対的に不可能で、排除されている、というわけではないのである。

同様に、芸術 [Beaux-Arts] は醜いもの、あるいは不快なものにも美しさを与えることができるのであって、これは芸術の長所である（第四八節）。醜いもの、悪いもの、贋のもの、怪物的なもの、つまりネガティヴなもの一般に、アートによって同化されうる。古くからあるトポスによれば、猛威、疾病、戦争による荒廃、等々も、美しく描写されうるし、「絵画のなかに表象されることもできる」。したがって、醜いもの、悪いもの、恐ろしいもの、ネガティヴなもの一般は、体系にとって同化しえないものではない。

ある唯一の「もの」だけが同化されえない。それゆえ、そんな「もの」は、超越論的なものに対してさらに超越論的なものをなすだろう。つまり超越論的に位置づけることの不可能なもの、イデア化しえないものだろう。それは、吐き気を催させるもの [le *dégoûtant*] である。カントの言説においては、これは醜悪なもの、あるいは憎むべきものの一つの「種」（*Art*）として提示されている。だが、種といっても、そのジャンル〔類〕におとなしく収まるような一つの種ではない、ということが、すぐに確認される。

醜さ（*Hässlichkeit*）のある唯一の種だけは、その本性＝自然に応じて表象することができず、もしもそうするならば、あらゆる美的な満足を、そして芸術的な美を、絶滅させる［台無しにする：*Zu Grunde zu richten*〕ことになる。すなわちそれは、吐き気（*Ekel*）をかき立てる醜さである。〔第四八節〕

したがって、ここで問題になっているのはもはや、あのネガティヴな価値のうちの一つではない。醜い対象、忌まわしい対象のうちの一つではない。そういうものは、芸術によって表象されること、それゆえイデア化されることが可能である。そうではなく、この絶対的に排除されるものは、ネガティヴな快の対象という地位を、あるいは表象＝再現によって救われる醜さという地位を、与えられることさえない。それは、表象〔再現＝代理〕不可能なものなのである。そして同時に、その単独性＝特異性において、名づけえないものでもある。仮にそれを表象することあるいは名づけることができるとしてみよう。すると、それはすでに自己－触発的な循環のうちに入り始めていることになるだろう。つまり〔主体による〕統御＝支配という自己－触発、あるいは再び自己固有化する運動という自己－触発の循環のうちに巻き込まれていることになる。それゆえ、一つのエコノミーが可能となるだろう。吐き気を催させるＸは、それが感性的な〔可感的な〕対象として告知されるだけで、ただちに目的論的な階層秩序のうちへと引き込まれるだろう。したがって、こういうＸは、可感的ではなく、また可知的でもないものであり、表象〔再現＝代理〕不可能なものであって、かつ名づけえないものである。つまり、体系の絶対的な他者なのである。

しかしながら、カントはまさにこの点に関して、ある種の表象のことを語っている。「実際、そうした奇異なる（*sonderbaren*）感覚は、まったくの想像力に基づいているのであるが［ということはつまり、そのようなものは存在しない〔デリダによる註〕］、そうした特異な感覚を伴っている場合においては、対象はいわばあたかも自らを享受せよと押しつけるかのように［*als ob er sich zum Genusse aufdränge*——吐き気を催させるもの、あらかじめ吐き出されるものは、あたかも享受すべきものとして自分を押しつけるかのように表象されるのであり、だからこそそれは吐き気を催させる〔デリダによる註〕］表象されるのである（*der Gegenstand gleichsam... vorgestellt wird*）。だが、それに対して、われわれは強力に抵抗する（*wider den wir doch mit Gewalt streben*）。つまり、われわれが作り出す、この対象の芸術的な表象と、その対象そのものの本性＝自然とは、われわれの感覚においてもはや区別されなくなり、そうなるとこの表象はもう美しいとみなされることはできないのである。」〔第四八節〕

吐き出されるものは、快［plaisir］とではないにしても、享受［jouissance］と関係がある。吐き出されるものは、私たちが——いやいやながらも［notre *corps défendant*］——享受するよう強制するものを、表象することもある。しかし、こうした表象は自分で自分を消去してしまう。だからこそ、吐き出されるものは表象不可能なままにとどまるのである。☆4 吐き出されるものは

☆4 表象不可能なものの表象、提示しえないもの〔現前性として示すことのできないもの〕の提示＝現前化、これはまた巨大なるものの構造でもある。この構造については第二六節において記述され、輪郭が描かれている。Cf. *Le colossal* (à paraître)〔« Parergon », (IV), *op. cit.*, pp. 136–168；「パレルゴン」(Ⅳ 巨大なるもの)、前掲書、一九三—二三六頁〕。

私たちの享受をリミットのない仕方で侵害し、享受にいかなる限界も、つまり規定可能なリミットも残すことがない。だから表象するために必要な距離を廃棄し――それと同時に美を廃して――、しかも喪＝哀悼を禁じる。それは逆らいがたい仕方で消費＝飲食へと促すけれども、しかしイデア化にはいかなるチャンスも残さない。吐き出されるものが表象不可能なものであり、言葉で言い表しがたいもの、絶対的に異質的なものとしてとどまるのはなぜかと言えば、それは吐き出されるものがあれやこれやのものであるからではない。まさに逆である。吐き出されるものは、享受するよう強制することによって、非消費という宙吊りを中断する。すなわち、表象（*Vorstellung*）によって結び合わされる快がそうであるような、非消費＝非飲食という宙吊りを中断する。言いかえれば、言述すること〔ディスクール〕に結びつけられている快、そしてその最高位にある詩的なものに結びつけられている快がそうである非消費という宙吊りを、中断するのである。吐き出されるものは、美しいものでも、醜いものでも、崇高でもありえない。ポジティヴな快であれ、ネガティヴな快であれ、利益・関心のある快にせよ、利益・関心のない快にせよ、なんらかの快に場を与えることはできない。吐き出されるものは、あまりにも享受するよう強いるので、快に場を与えて生じさせることができず、喪＝哀悼の作業としてのあらゆる作業を傷めてしまう。

次のことをあらゆる意味において理解していただきたい。吐き気を催させるという語のあとに名指されているもの〔名指すことを除かれているもの〕[se dé-nommer]。それは、ひとが諦めることのできないもの＝ひとがその喪を行なうことのできないものである。

そして、喪の作業とはつねに馬銜（はみ）を食む[manger le mors][★28]ことにあるのだとすれば、吐き気を催させるものは吐き出されることしかできない。

ひとは次のように言うだろう。いま述べられたことはすべてトートロジー〔タウトロゴス〕である、と。趣味＝嗜好＝味覚[goût]の体系にとっての他者が嫌悪＝吐き気[dégoût]であるのはまさに当然なことであり、趣味＝嗜好が口例性〔範例としての口唇＝口唇という範例〕を隠喩化しているのだとすれば、吐き気が同じ形式を、しかし反転されたかたちでもっているのは、やはり当然なことである、なにも学んだことにはならない、と。たしかに、そうかもしれない。ただし、そう言えるのは、トートロジー〔タウトロゴス〕の必然性を、別な仕方で問い直すことをしないとすれば、の話であるが。さらにはまた、トートロジー的な構造こそ、排除が構築するもののフォルム〔形式〕そのものではないだろうか、と自問してみないとすれば、の話なのであるが。

あらゆるものが、つまり吐き出されるものを除いて、すべてがこのロゴス中心主義的体系によって言われうる（同化され、表象され、内部化され、イデア化されうる）ということが確認されるとすれば、それはどういうことなのか。それはまさに、味覚＝嗜好／吐き気という口唇的な関係が、言説についてのこうした言説全体、同じものとしてのロゴスのこうしたトートロジー〔タウトロゴス〕全体を構成している、それも一つの隠喩として、というのとはまったく別の仕方で、構成している、ということである。そしてこのことを確認するためには、吐き気（*Ekel*）という語が、嫌な感じを抱かせるもの一般、あるいはネガティヴなもの一般を示しているわけではない、ということが確かめられねばならない。問題なのはまさに、吐き出したいという願望［*envie*］を与えるものなのである。いったいどのようにして、吐き出したいという願望をもつのだろうか。☆5

ところで、吐き気という語は、『実用的見地における人間学』によってひとたびその「文字通りの本義、本来的な＝固有な意味」が固定されるやいなや、すぐにアナロジー的な派生のうちへと引き込まれてゆく。文字通りの吐き気を催させるもの［le dégoûtant littéral］よりも、もっと悪いことがある。そして、なにゆえもっと悪いのかと言えば、それは、文字通りの吐き気を催させるものが、いわば安全保障という理由によって、最悪なものの代わりに維持されているからである。つまり、もっと悪いなにものかの代わりに、ではないにしても、少なくとも「代わりに」ということの代わりに。したがって、固有＝本来の場のない代替、本来的な道程をもたない代替の代わりに。エコノミー的な、そして循環的な回帰のない代替の代わりに。プロテジス〔義手、義肢、人工臓器のような代用器官の補綴〕の代わりに。

こうしたすべては、もはや「客観的な」感官（聴覚、視覚、触覚）においてではなく、「主観

☆5　この問いはツァラトゥストラ（第三部）がたえず反芻している問い（まさに *Ekel* についての問い）である。

的な」感官において起こる。またこうしたことは、もはや力学にではなく、化学に基づくのである。

第二〇節。味覚と嗅覚という感官は両方とも、客観的というより主観的なものである。前者は、舌、咽喉、口蓋といった器官が外的な対象と接触することに存し、後者は、空気に入り混じった異質な臭気を吸い込むことに存するが、そうした臭気は器官から遠く離れた物体から発散しうる。両感官は互いに近親的であり、嗅覚に欠陥があると、味覚は鈍らざるをえない。また両感官は（固形あるいは揮発性の）塩類に触発されると言えるが、塩類は一方では口のなかで唾液によって溶かされ、他方では空気によって溶かされるはずである。したがって、器官がその特殊な感覚を得るためには、塩類は器官のなかに侵入しなければならないのである。

外的感官に関する一般的注解

第二一節。外的感官の印象は、力学的影響によるものと化学的影響によるものとに分けることができる。つまり、三つの上級感官は力学的な作用に属し、二つの下級感官は化学的な作用に属しているのである。――前者は（表面的な）知覚の感官であり、後者は享受

(*Genusses*)（最も内的な経口摂取）の感官である。そして、そうした内的な経口摂取は動物という存在にとって危険なものとなりうるがゆえに、消費したもの［享受したもの：*Genossenen*］を食道の最短経路を通じて厄介払い（*entledigen*）しようとする（吐き出そうとする：*sich zu erbrechen*）興奮、すなわち吐き気（*Ekel*）は、きわめて強烈な生の印象を人間に与えてきたのである。

ところが、他方にはまた、思考を伝達することに存する精神的享受（*Geistesgenuss*）というものもあり、これがわれわれに押しつけられるとき（*uns aufgedrungen*）、それにもかかわらず精神の養分として利益にならないと思われると、精神はこれを嫌な感じを起こさせるものとみなす（たとえば、機知に富み（*witzig*）面白いはずの表現も、つねに画一的に反復されると、その画一性そのものによってわれわれには利益のないものとなる）。このとき、そんな嫌な感じを起こさせるものを厄介払いしようとする自然な本能は、アナロジーによって、同じように吐き気と名づけられる。ただし、これは内的感官に属しているのであるが。

嗅覚は距離をもった一種の味覚である。他の人々がそう望もうと望むまいとそれを共に享受すること（*mit zu geniessen*）を余儀なくされるという点において、嗅覚は自由に反しており、味覚に比して社会的ではない。つまり、会食者が食事を味わうとき、彼は自分の好みで皿や瓶を選んで味わうことができ、他の人々は彼の享受を共にするよう強いられることはないのである。——穢れたものが吐き気をかき立てるのは、目で見て、また舌で味わって、嫌な感じを起こさせるものがそこにあるからというよりも、むしろそこにはひどい悪臭があるに違いないと思わせるからである。というのも、嗅覚による（肺のなかへの）経口摂取は、口や咽喉の受容腔を通過する経口摂取よりも、いっそう内的なのであるから。

（M・フーコー訳を一部改訳）

したがって、吐き気を催させるもの［le *dégoûtant*］よりも、つまり味覚＝嗜好に嫌な感じを抱かせ、むかつくようにさせるもの［ce qui dégoûte le goût］よりも、さらにいっそう吐き気を催させるものがあるのだ。嗅覚の化学は、味覚＝嗜好［le goût］／吐き気［le dégoût］というトートロジーを超え出している。もし吐き気が味覚＝嗜好＝趣味をシンメトリックに反転したものであり、〔味覚＝趣味の〕体系にとってネガティヴな固有＝本来のものであるとすれば、それはただ次のような限りにおいて、そうなのである。つまり、ある利益・関心が、ちょうど口それ自身の卓越性を支持するように、吐き気の卓越性を支えている限りにおいて、そうなのだ（〔臭覚の化学ではなく〕いわばコトバ［verbe］の化学であろう）[★29]。さらにはまた、そういう利益・関心は、ひとが吐き気の代わりになにか類似しているもの（ただし口に関わらない類似物）を代替することを禁じているのであるが、まさにその限りにおいて、そうなのである。それゆえ〔味覚＝趣味の〕体系は、他なるものを、自らの他者として規定することに、すなわち文字通りに吐き気を催させるものとして規定することに、利益・関心をもっているのである。

それゆえ、絶対的に除外されているものは、吐き出されるものではない。そうではなく、それはまず吐き出されるものの代替の可能性である。吐き出されるものを、まったく他なるものによって、つまり表象しえない、名づけえない、可知的でなく、可感的でもない、同化しえない、猥褻なものである他者によって代替する可能性が除外されている。そういうまったくの他者は、享受するよう強制し、その抑えがたい激烈さ［violence］は、ときによると、ロゴス中心主義的なアナロジーの権威（階層秩序化する権威）を、つまりその同一性を定める権能を、解体してしまうほどの力をふるうのだが、そんなまったくの他者によって、吐き出されるものを代替する可能性が排除されている。

そしてこんどは、代替がどういうときに安心できるものとなるのかと言えば、それは代替が、表象〔再現＝代理〕不可能なものの代わりに、同一性を定めることのできる項（ターム）を置くときのみである。また代替がなんらかの巧妙なやり方へと関心づけられ、それ自身深淵から遠ざかってどこか別の場所へと向かうことを、許容するときだけである。しかし、そのためには、代替は自分自身である［être *elle-même*］必要があるし、またそれとして自己を表象する必要があるだろう。

それは不可能なことであるが、そういう不可能なことから発して、エコノミメーシスはその運動過程へと入るよう強制される。

　この不可能なこと。ひとはそれがなにかあるものであると、つまりなにかある可感的なものであるとか、ある可知的なものであるとか、言うことができない。もしそう言うとすれば、それはこれこれという意味の下へ、しかじかの概念の下へ落下することになるだろう。ひとはそれを、ロゴス中心主義的な体系のなかで――名のなかで――名づけることができない。ロゴス中心主義的な体系はそれを吐き出すことしかできず、またそのなかで自らを吐き出すことしかできないのである。それはなにであるのか［qu'est-ce que c'est ?］と言うことさえできない。そのように言うとすれば、それを食べ始めることになるだろう。あるいは、それを吐き出し始めることになるだろう。（後者はもはや前者と、絶対的に別のことではないのだが。）それはなにであるのか、という問いは、一つのパレルゴンとしてもうすでに、ひとが理性的になるよう導いている［arraisonner］。この問いは一つの枠組みを構築し、その枠のなかに、同化しえない、絶対的に抑圧されている、まったくの他者のエネルギーは捕捉されてしまう。すべて哲学的な問いというものは、こうした他者に関して、もうすでに一種の鎮痛作用をもつパレルゴンを規定している。鎮痛剤［remède parégorique］は言葉（パロール）によって和らげる。コトバ［verbe］とともに慰め、激励する。その名〔parégorique という名〕が、このことを指し示している。★30

吐き出されるものという語は、吐き気の代替をはばみ、さえぎる。この語は〔語られるのであるから〕物を口に置き、肛門的なものの代わりに口唇的なものを置く。（ただし、もっぱら範例としてのみ、の話だが。）この吐き出されるものという語は、美の体系によって、つまり「モラル性の象徴」である美の体系によって、自らの他者として規定されている。したがって、哲学にとって、それは依然として、一つの妙薬＝鎮痛エリクシル剤なのだ。哲学の悪趣味［mauvais goût］そのものにおいて。

訳註

★1 ——デリダは、本書が執筆されたのとほぼ同時期に、『パレルゴン』と題されたテクストを発表している（« Parergon » in *La vérité en peinture*, Paris, Flammarion, 1978 ;『絵画における真理（上）』所収、高橋允昭・阿部宏慈訳、法政大学出版局、一九九七年）。本書『エコノミメーシス』は、『パレルゴン』の姉妹篇であり、両者は合わせて読むべきテクストとなっている。

「パレルゴン（parergon）」はギリシア語 *πάρεργον* のラテン文字による綴りであり、字義通りには「作品（*ἔργον*）」の「そば、傍ら（*παρά*）」にあるものを意味する。デリダがこのタームを抜き出したのは、カントの著作からであろう。カントは『判断力批判』第一四節のなかで、その複数形パレルガ（*πάρεργα*）を用いつつ、これを「装飾、付加物」と呼び、その例として絵画の額縁、裸体の彫像をまとう衣装、大きな建築物を囲う列柱回廊などを挙げている。また『単なる理性の限界内における宗教』のなかでは、「宗教的・モラル的な理性」、すなわち「反省的な信」は、自らの不十分さをよく自覚しているので、そういう不十分さ・欠如を補い、付け加わるべきものとして、いくつかのパレルガに頼らざるをえない、と言っている。こうして「ファナティズム、迷信、呪術＝魔術」などが〈反省的・省察的な信〉（という本体＝作品）に付け加わり、補完するパレルゴンとして語られている。

デリダの考えを敷衍すれば、次のように言えるだろう。「宗教的・モラル的な理性」という本体＝作品、そしてその周囲からはみ出す外部（ファナティズム、迷信、呪術＝魔術）という区別の枠組みは、もともとそう決まっていたのではない。初めから本来的な固有の領域と非本来的な異邦の部分という境界がそう画定されていたのではない。そうではなく、そもそも「宗教的・モラル的な理性」という規定には欠けている部分、非規定なままのなにかがあり、そんな欠如は単に不足しているのではなく、それがなければ作品のまとまりや統一性がありえないような構成的欠如である。だからそれを補い、代わるようなパレルゴンを呼び出さざるをえないのだ。そのように呼び出されたパレルゴンがいわば枠づけする仕方で作用し、機能する。縁で囲い、作品の内と外とを、本来的なもの（わが家、わが領土、オイコス）と非本来的なもの（外部、異邦）とを区切り、境界を定めようとする。逆説的であるが、こう言えよう。「宗教的・モラル的な理性」という規定（ふつうそれがエルゴン、本体＝作品とみなされている）に欠けている非規定的ななにかは、実のところこうしたパレルゴン的枠づけ以前には場を定めようがなく、内にも外にも位置づけられないのだが、まさに枠づけの効果によってそれとして産み出される。それゆえ枠が産み出す産物である。しかしまた同時に非規定ななにかは枠を呼び出し、枠づけを求めるのだから、枠を産み出す産出でもある。作品＝本体（反省的な信の本来的領域）とその外部という区別は、パレルゴン的枠づけの効果として境界画定されている。

このように、デリダの考えによれば、「作品（エルゴン）の傍らにあるもの」は必ずしも副次的なもの、派生的で外的なものではなく、むしろ本体たる「エルゴン」そのものの構成に不可避的に関わっており、それどころかある仕方でこれを内的に構築してさえいるのである。だからこそ、ここで述べられているように、「なんらかの枠組み」によって「ある一つの全体」を完全に限界づけることはできず、また同時に後者が前者を単純に従属させ、自らに帰属させることもできないのである。

★2――「限定的経済（économie restreinte）」と「一般的経済（économie générale）」は、バタイユの用語。バタイユは三部作として構想された『呪われた部分――普遍経済学の試み』の第一部として知られるテクスト（« La Part maudite : Essai d'économie générale » in *Œuvres complètes*, tome VII, Paris, Gallimard, 1976；生田耕作訳、二見書房、一九七三年）において、通常の経済学は諸々の経済活動を個々に切り離して考察するため、エコノミーという概念の拡がりを限定されたものに狭めてきたと批判し、むしろ全面的かつ総体的な観点（たとえば純粋な贈与という観点）からエコノミーを思考すべきであると主張しつつ、独特の問題提起を行なった。デリダは、「限定経済学から一般経済学へ——留保なきヘーゲル主義」（« De l'économie restreinte à l'économie générale : Un hegelianisme sans réserve » in *L'écriture et la différence*, Paris, Seuil, 1967；『差異とエクリチュール』所収、三好郁朗訳、法政大学出版局、一九八三年）のなかで、バタイユのこうした思想を克明に検討しているが、〈純粋な贈与〉が不可能なものである点を指摘しており、のちに〈贈与というアポリア〉についてさらに深く論究している。

★3——ドイツ語における Kunst は、語源は können（能力、技量がある）であると思われるが、ギリシア語の τέχνη（tekhnē）、ラテン語の ars に照応した仕方で用いられてきた。このギリシア語源に由来する語として Technik という語もあるが、カントが生きていた時代には、Kunst は Technik という語の意味もほぼカヴァーする仕方で用いられている。実際、その時代には、技術と芸術の区別は必ずしも明確ではなく、Kunst の用法も多義的で広範囲にわたっていた。だからこそ、第四三節において、カントは Kunst 一般に関する諸区別を施そうとしているのである。第四四節が「芸術（schöne Künste, Beaux-Arts）について」と題されていることを考慮すれば、多くの訳者が四三節を「技術一般について」と訳しているのは十分理解できる。もし厳密を期すならば、本書においても、部分的に「技術」「技工」「技法」「技芸」「芸術」等々といった訳し分けを行なうべきかもしれない。しかしながら、そのような訳し分けを行なった場合には、カントが使用している原語 Kunst とデリダが使用しているその訳語 art は、その一貫した流れのなかで理解される可能性を失うおそれがある。本書においては部分的な厳密さよりもそうした一貫性の方が優先される——全体的にはその方が理解しやすい——と判断されることから、ここでは art ないし Kunst をほとんどの場合「アート」あるいは「アート〔技術＝芸術〕」と訳している。

★4——ヘーゲルは、『美学講義』の冒頭で、芸術美は自然における美しさよりもすぐれている、というより自然美は精神の美が反照されたものにほかならず、すべての美はすぐれて精神の産物である、と述べている。他方、カントにとっては、後にデリダも言及しているように、「天才」が「自然とアートのアナロジー」の結節点となっているのであるが、天才は「精神の生得的才能＝生来の資質、すなわち自然の賜物＝贈与」にほかならない。

★5――――『判断力批判』序論（IV）には、たとえば次のような記述がある。

「反省的判断力の責務は、自然における特殊なものから普遍的なものへと上昇していくことである。それゆえ反省的判断力はやはりある一つの原理を必要とするが、それはこの判断力が経験から借用することのできない原理である。なぜならこういう原理はあらゆる経験的原理を、同じように経験的ではあるがしかしもっと高次の原理のもとに統一するための基礎づけを行なわねばならないから。さらにまた、これら諸原理のあいだで、体系的な仕方で一方が他方に服すという仕組みを可能にしなければならないから。それだから反省的判断力は、こういう超越論的原理を自分自身に法則として与えるだけである。こんな原理を外部から得てくることはできない（もし外部から得てきたら、この判断力は規定的判断力になってしまうだろう）。またこの原理を自然に指定することもできない。自然の法則に関わるわれわれの反省は、こちら〔つまりわれわれの反省＝省察の〕側から自然に即して行なわれるのであって、自然がわれわれの側の条件に従うのではないからである。」

「しかるに、ある対象の概念は、この概念が同時にその対象の現実性の根拠を含んでいる程度に応じて〈目的〉と呼ばれる。またある物が諸々の事象の基本構成＝資質と一致しているならば、言いかえれば、諸〈目的〉に従うことによってのみ可能となるような構成＝資質と一致しているならば、そういう一致はそれらの事象のフォルム〔形式〕の〈合目的性〉と呼ばれる。それゆえ反省的判断力の原理は、経験的諸法則一般のもとに服している自然の諸事象のフォルムに関するものであることを鑑みて、自然の（すなわちその多様性における自然の）合目的性である。つまり自然は〈合目的性〉ということの概念によって、あたかもある種の悟性が（自然の）経験的諸法則の多様性を統一する根拠を含んでいるかのように、表象されるのである。」

★6――――émergence は、生物学の用語としては、突然変異のような、思いがけない「出現」を意味する。類推的な用法として、新しい思想や新事実の突然の出現、展開なども指す。

★7———原文は、Pour qui veut faire le saut et y mettre du sien : Kant, Nietzsche, Genet である。faire le saut と y mettre du sien は、字義通りの意味としてはそれぞれ「跳躍を行なう」と「自分のものをそこに置く」となるが、ともに成句表現として、前者は「思い切って決断する」「一か八かやってみる」、後者は「自分の分を持ち寄る」「寄与する」「協力する」「（自分の分を）犠牲にする、譲歩する」等々といった意味をもつ。カントは第四三節の「注記」で、こう書いている。「私の住んでいる地域では、コロンブスの卵のような問題が提出されると、普通の人は〈それはアートではなくて、単なる学にすぎない〉と言う。つまり、それを知っていればもうすぐにどうすればよいかがわかると言うのである。こういう人は、奇術師のいわゆる〈術＝技法〉についても同じことを言うだろう。しかし彼にしても、綱渡り芸人の〈術＝技法〉をアートと呼ぶのを拒みはしないだろう。」

なおニーチェは『ツァラトゥストラはこう語った』の「プロローグ」において、きわめて印象的な仕方で綱渡り芸人を登場させている。またジュネには『綱渡り芸人［*Les funambules*］』と題されたテクストがある。

★8———カントが用いている Einbildungskraft という語は、翻訳の伝統によれば「構想力」と訳されている。これは「対象を、その現前がないときでも、直観のうちに表象する能力」であり、カントはこれをアリストテレスからヴォルフ学派に至るファンタジアの解釈、つまり感性と悟性の中間的能力という解釈を踏まえて、自らの批判体系に組み込んでいる。実際、彼はこの能力を悟性と感性を媒介しうる能力として考察しており、いわゆる〈空想する能力〉とみなしているのではないことは言うまでもない。その意味で、「構想力」という訳語にも十分な理由があるだろう。ただ、そのフランス語訳としてデリダが用いている imagination という語に、当然ながらカントの体系のみを念頭においたものではなく、また思想・芸術の領域でも日常的にもより広範に使用される語である。こうした拡がりを考慮に入れたほうがよいのではないかと判断して、本書では「想像力」と訳出することにした。

★9――――パレルゴンについては、訳註1を参照されたい。「作品の傍らにあるもの」は常識的には後から派生的に添えられる付加物であるが、実はそうではなく、むしろそれがなければエルゴン（作品＝本体）のまとまりや統一性がありえないような構成的欠如に関わり、そういう欠如（非規定）を補い、代わるようなやり方で作用し、機能することが、ここでは〈署名という枠〉に即して指摘されている。たとえば署名という〈枠〉は、作品そのものからは切り離されていながら――この限りにおいてそれは作品の外部にある――、同時に作品を周囲の空間全体から切り離す――この限りにおいてそれは作品の内部にある――という仕方で機能する。

★10――――「美的（esthétique）な主観性」という訳語について、少し説明する。Esthétique（ästhetisch）という言葉は、「美学の父」と呼ばれるバウムガルテンによる造語であり、その著『詩に関する諸点についての哲学的省察』（一七三五）において、彼が aesthetica というラテン語形を用いたことに遡る。これはギリシア語で「感性」「感覚」「感受」等々を意味する *αἴθησι* に由来する語であり、したがって彼の未完の主著 *Aesthetica* は、字義通りには『感性学』となる。彼にとって「感性学」は「美学」の根幹であった。この影響を消化しつつ、カントが『純粋理性批判』を「超越論的感性論（Ästhetik）」から始めていること、そこにおいてわれわれの認識は物自体（ヌーメノン）に到達することはできず、基本的に現象（フェノメノン）に関わるのであり、認識には空間および時間という直観の形式が前提とされていることを説いたのはよく知られている。ただしこの『純粋理性批判』では、ästhetisch という用語はあまり使われず、「感性的、感覚的」に当たる語は sinnlich である。

こうして ästhetisch という語は、「感性に関わる」というニュアンスを残しながら、「美的な」、「美学的な」領域に主として用いられると言えるだろう。カントの考えでは、美は認識＝知の対象ではなく、趣味＝味わいによって判断されるものであり、それゆえ「主観における快・不快の感情」に結ばれている。このように主観における快・不快の感情に関わることが ästhetisch ということ、つまり「感性的」であり、かつまた「美的、美学的」であるということである。カントはこう書いている。「趣味判断は認識判断ではなく、したがって論理的判断ではなくて美的な〔美学的な、感性的な〕判断である。ここで美的な判断というのは、判断の規定根拠が主観的なものでしかありえないということである」（第一節）。以上の点を踏まえて、本書では、esthétique (ästhetisch) の訳語を基本的に「美的な」とし、文脈に応じて「美学的な」「美的＝感性的な」「感性的＝美的な」としている。（『カント事典』、弘文堂、一九九七年を参照させていただいた。記して、深く感謝する。）

★11———— commerce は、商業、取引き、貿易、通商、交渉、交流、交際、（性的な）関係など、きわめて多義的な語であり、本書でも文脈に応じて「交易」「交流」などの訳し分けを行なった。他方、immaculé は「汚れのない」「無垢な」「純白の」「純潔な」「無原罪な」等々を意味する形容詞であり、Immaculée Conception という定まった表現は「処女懐胎」を意味する（つまり性交渉がないままに、マリアの胎内にイエスが宿ったことを示している）。Une sorte de commerce immaculé という表現は、immaculé という形容詞を〝いかなる交渉、関係もない〟という意味として、（通常は交渉、関係にほかならない）commerce に付加していると考えられる。それゆえ、commerce immaculé とは、一種の撞着語法であろう。交換しえないものを産み出す、純粋な産出、すなわち贈与的な産出が、逆説的にも一種の無垢なる（交渉、関係のない）交渉＝交流を自由に解き放つのである。

★12———— natura naturans と natura naturata という概念は、アリストテレスやアウグスティヌスにまで遡ることができるが、スコトゥス・エリウゲナを経て、アヴェロエスによって大成されたとされている。以来、この両概念は、スコラ学派やルネサンス期の思想家たちによって使用され、スピノザにおいて最も汎神論的な定義が与えられた。伝統的には、それぞれ「能産的自然」「所産的自然」という訳語があてられている。なお、カントは少なくとも『判断力批判』のなかではこの両概念について言及していないが、デリダは以上の系譜を考慮しつつ、カントの〈自然〉および〈アート〉の概念を検証しているように思われる。

★13———— 「奇妙な半過去」とは「自然が美しかった［La nature était belle］」という文言を指している。カントのドイツ語原文ではデリダの補足通り Die Natur war schön であるが、この箇所について『判断力批判』の仏訳者であるA・フィロネンコは、「この war を適切に訳すのは不可能である。カントはおそらく、自然とアートとが渾然一体となっていたギリシア的世界観、とはいえ失われてしまった世界観を考慮している」という訳註を付している（*Critique de la faculté de juger*, Paris, Vrin, 1993, p. 203）。また、篠田英雄訳『判断力批判』（岩波文庫、一九六四年）は、当該箇所の文頭に「さきに述べた通り」という語句を補って訳出している。

★ 14 ――――アナグラムとは、綴りを変えて別の語を作ることであり、Nachahmung〔模倣〕と Nachmachung〔偽造〕とは、後者の c を一字除けば、完全なアナグラムの関係となる。

★ 15 ―――― Gabe は動詞 geben（〔無償で〕与える、贈る）の名詞形であり、「贈り物、賜物、天賦の才、天分」などの意。Es gibt という成句も動詞 geben が非人称主語 es とともに使われる用法であり、フランス語の il y a という成句のように、（〜が）在る、いる、という意になる。ただあえて字義通りに読めば、「それは与える、それは贈与する」というニュアンスになる。このあたりの議論は、ハイデガーの思索を踏まえているだろう。

★ 16 ――――アトリビュートとは、文法用語では「属詞」、論理学用語では「述語、賓辞」であり、ある存在や事物に特定の仕方で属しているもの、つまりその「属性」や「特性」を示す。また美術・図像学では、そこに表された神話的ないし宗教的な人物の資格、性格、役割などを示す象徴的な持ち物を意味する。たとえばヘルメスの杖がそうである。なお「持物」とは、仏像が手に持っている物であり、その仏像の資格や性格を表している。

★ 17 ―――― exemploralité は、ジョイスやルイス・キャロルに見られるのと同じように、exemplarité（範例性）と oralité（口唇性）の鞄語である。つまり「範例性」と「口唇性」の合成語であり、一つの訳語として「口例性」とした。後にデリダ自身、oralité exemplaire「範例的口唇性」と言いかえている。

★ 18 ―――― embouchure は、「河口」のほか、「（管楽器の）吹口」「馬銜（はみ）」などを意味する。ここでは文脈を考慮して「河口」とした。この語そのものに bouche（口）という語が含まれており、その意味もつねに「口」に関係づけられている。本書のもっと後の箇所で、デリダは次のように書いている。「すべてはそういうロゴスへと遡行するのであるが、しかしこのロゴス自身は体系の外にある。つまりロゴスは、自らの目的や起源として、河口［embouchure］や源泉として体系を方向づけているにもかかわらず、自分自身はそんな体系の外にあるのだ」（本訳書、七六―七七頁参照）。

★19――実際、『美学講義』のなかで、芸術美こそが精神と自然の対立を解決し、統一をもたらす、と強調しながら、ヘーゲルは次のように述べている。「しかし、カントは、主観的思考と客観的対象、抽象的一般意志と感覚的個別意志のかたくなな対立にもどっていったために、実践的精神を理論的精神よりも上位に置くという価値観と相まって、前節に述べた道徳上の対立〔「精神的な一般意志と、感覚的かつ自然的な特殊意志とのかたくなな対立」〕を人間精神の最高峰とみなすことになりました。分析的思考に特有のこのかたくなな対立のもとにとどまるかぎり、対立の統一は、現実性のともなわぬ主観的な理性理念として表明するほかありません」（長谷川宏訳、作品社、一九九五年、ただし訳文は文脈に合わせるために若干変更させていただいた）。つまり、ヘーゲルに従えば、「きみはすべきである」という「現実性のともなわぬ主観的な理性理念」は、結局のところ真の和解をもたらすことはできず、その理由はカントが「道徳的な命令」を「人間精神の最高峰とみなすこと」に由来するのである。こうした「カント主義」に関して、ヘーゲルはさらに以下のように続けている。「つまり、統一は実践理性から引き出される主観的な要請ではあるが、それ自体が本質的にどんなものかは思考によって認識することができず、実践的な統一の達成は、どこまでいっても無限に先送りになる課題としてとどまるのです。」

★20――前の段落の「アナロジーが規則である。そのことは何を言おうとしているのか」に続く原文は、次のとおりである。Ça veut dire que ça veut dire et que ça dit que ça veut dire que ça veut et que ça veut ce que ça veut par exemple.

理解するのが困難な箇所であるが、後の段落を読むと、注目される点の一つは「たとえば〔範例として〕」という部分が強調されていることである。少し前の箇所で、デリダはカントの喚起する「天才という形象」を敷衍しつつ、こう言っていた。つまり天才は他の芸術家たちに向かって規則を指定することで、いわば第二の自然を創造するのであるが、そのとき天才は「たとえば〔範例として〕」規則を指定する。コンセプトによらず、学的な知にもよらない仕方で、〈範例として〉他の人々や芸術家に与え、贈る。そのように非概念的な仕方で指定された規則、すなわち範例として贈与された規則は、きわめて独特の、特異なものであると同時に一般性をもち、普遍的なものでもある。誰もそれを模倣できず、再生（再 - 産出）できない。繰り返すことはできない。にもかかわらず天才の独創性、すなわち天才が産み出した産出物の範例性はある種の模倣を促すことをやめない。つまり「天才の自由の自由な模倣」を促すのである。デリダの見方によれば、おそらくこう考えられるだろう。カントが「アナロジーが規則である」という意味合いの言述を行なうのは、もっぱら「範例として」そうしているのである、と。

★ 21 ———— Wohlgefallen は、「気に入る」「意に適う」などを意味する動詞 gefallen と、英語の well に相当する多義的な副詞 wohl の合成語である。意に適うこと、快いこと、満足感をもたらすことを示している。カントはこうした適意、快さ、満足を生じさせるものとして、「快適なもの（das Angenehme）」や「善いもの（das Gute）」などを挙げているが、それがいかなる「利益＝関心」にも結びつかないのは、「美しいもの（das Schöne）」によって与えられる場合だけであると述べている。

★ 22 ———— Wohl は英語の well に相当する副詞を、Gut は同じく good に相当する形容詞を、それぞれ名詞化したものであり、ここでのコンテクストを考慮に入れれば、前者は「（美的な）よさ」、後者は「（道徳的な）よさ」となるだろう。

★ 23 ———— 『判断力批判』の第一六節において、カントは「自由な美（freie Schönheit）」と「付着した美（anhängende Schönheit）」という区別を立て、両者にそれぞれ pulchritudo vaga（自由に彷徨する美）と pulchritudo adhaerens（付着している美）というラテン語名を付記している。自由な美は、「対象が本来なにであるかということとの概念を前提にしない」。コンセプトに付着・接合していない美、野生の花が美しいと判断するときのような美であり、こういう自由美を（形式＝フォルムだけに関して）判定する趣味判断は、純粋な趣味判断である。

それに対し、付着した美は対象が本来なにであるかの概念を前提にし、さらにはこの概念に従って対象が完全であること（完成していること）も前提にしている。コンセプトに付着・接合している美であり、たとえば人間の美、馬の美、建築物（教会、宮殿、園亭など）の美のように、目的の概念を前提にしているので、まったく純粋な趣味判断とは言えないだろう。

デリダは論考『パレルゴン』のなかで、次のように言っている。自由な美（非接合）と付着した美（接合）との対立は鋭く、はっきりと区切られており、和解しようがなく、いかなる接合も可能ではないように思える。が、しかしこうした（接触の）断絶、分離そのものがある種の境界、ある余白を構成する。いわば〈枠〉のように作用する余白の厚みをなす。こんな余白の厚みという枠は、たしかに関係を宙吊りにしながら、それでも自由美の自由と付着した美の接合をともに再生しつつ、この自由（非接合）と接合とを〈非関係〉という様態で互いに関係させる。たとえば〈自由な〉と〈付着した〉との対立は述語的な対立にほかならない。ともに美を修飾する（あるいは属詞となる）述語である。こうした（ある共通の根源から派生してきた）分離以前に〈美一般はなになのか〉と問うことができるし、また問うべきなのだ。美そのものはなになのか、あらかじめ理解すべきだろう。〈自由な〉と〈付着した〉との区別についてなにごとかを了解するためには、またさらに自由美と付着した美との打ち消しがたい異質性にもかかわらずとにかく両者において〈美を問題にする〉ことが成立すると信じられるためには、そういう予備的理解がいるはずである。それゆえどこかにこれら二つの美のあいだの接合がたしかにあるにちがいない。自由（非接合）と付着（接合）との接合があるにちがいないと推定できるのである。

付着した美（目的の概念を前提にしている美、つまり接合）は、純粋さの度合いが少ないので、もっと純粋な美へと（つまり自由に彷徨する美へと）向かっている。自由な彷徨（という目的、telos）へと向かい、それを目指している。ところが、ここには逆説があって、自由な美の〈自由な彷徨〉は〈目的＝telosなし〉でなければならない。目的の概念的表象がないままに合目的でなければならない。自由な美は〈目的の概念を前提することのないままに〉合目的性というフォルムなのである。つまり自由な美は目的（の概念的表象）とは関係がないのであるが、そういう〈非関係〉という様態で目的と関係をもっている。言いかえれば、自由な美はある種の地平、つまり目的の予告が告げられる地平、ただし不可能な予告が告げられる地平をもっているのであり、そうした（予告することの不可能な）目的の〈範例〉をわれわれに与えることができるのは、ただ付着した美のみである。そうであるからには、付着した美は純粋さの度合いは少ないにしても自由な美よりももっと美しく、もっと完全であるということがありうる。美についてもっと多くを教えてくれる。想像力と知力＝悟性の合致（すなわち美のイデーを産み出す合致）がどういうことかについて、より多くを知らせてくれる。その意味で、付着した美はもっと美しいのであり、両者の美（付着した美＝接合と自由な美＝非接合）とのあいだのアナロジーの理由・根拠を与えてくれるだろう。（« Parergon », *op. cit.*, p. 113 sq.；『絵画における真理（上）』、前掲書、「パレルゴン」（III 純粋な切断の〈なしに〉）、一三四頁以下を参照されたい。）

★24―――原註の3を参照されたい。カントの考えでは、美は感覚を刺激する魅惑や誘惑ではない。情感、情緒を惹き起こすことはなく、いかなる享受や享楽の約束もしない。さらに美は学問＝科学的な判断、認識の判断とは異なる。知的なものではなく、概念的なものでもない。つまり美的な判断は純粋な趣味＝味わいの判断であり、マチエール的なもの（実質、内容）を括弧に入れてもっぱらフォルム（かたち）にのみ関わる。というのも〈かたち〉のみが確実に普遍的な仕方でコミュニケートされるからである。純粋な趣味判断はひとえにかたちとしての合目的性に関わり、そこに〈快さ〉を認める。万人にとって快がある、と認める。

ただし概念を介することなしに普遍的に〈快い〉と認められるのであり、その対象がなにであるかという目的の表象――概念的で、規定された表象――はないままに合目的的である、意に適う、と認められるのである。

デリダはこのことを、「純粋な切断の〈なしに［sans］〉」と呼んでいる。目的（そのコンセプト的な表象）から切り離されていること。それが趣味＝味わいの判断、美的な判断の基本である。

★25————os はフランス語で「骨」を意味し、同形のラテン語 ossum（os, ossis）に遡る。またラテン語では長母音がついて ōs となれば、これは「口」を意味することになる（oral, oralité などはそこから派生した語である）。デリダはおそらく以上のことを念頭において、*os* とイタリック体で表記しているように思われる（イタリック体でなければフランス語の「骨」という意味しかもちえない）。それゆえここではそうした二重性を考慮して、この語を「骨格たる口」と訳出した。

★26————原語は le s'entendre-parler である。『声と現象』以来、デリダはこの「自分が話すのを聴く」という口‐耳の構造を、彼の言う「ロゴス‐フォーネ（音声）中心主義」の核心に認めてきた。すなわち、「自らが話す」と同時に「自らの声を聴く」ことによって、語る主体は自らが自分のすぐ傍らにいる、絶対的に自分に近接していると思う。自分の語る言葉（その言わんとすること）は主体である自分から離れて彷徨い出るのではなく、自分の元に留まり、自分の内部に忠実なまま保たれると信じることができる。それゆえ「〈自分が話すのを聴く〉という操作は、絶対的に独自な型の自己‐触発である」と言われている。

★27————一九六一年、ミシェル・フーコーは、文学博士号取得時の副論文として、カントの『人間学』の仏語訳に注解を付し、序文とともに提出した。六四年、その翻訳だけが簡略な書誌を付して公刊されたが（*Anthropologie du point de vue pragmatique*, Paris, Vrin）、デリダが参照しているのはその訳書であると思われる。デリダが述べているように、一部改訳されている。

★28————馬銜（はみ）［le mors］は死者［le mort］と同音である。それゆえこの箇所を文字で読むと「馬銜（はみ）を食む」と読み取れるが、もし耳で発音のみを聞くと「死者を食べる」という意味も同時に聴き取られる。

愛する対象を喪って哀しみ、喪に服し、追悼する人間は、死んだものをイデア化する仕方で自己の内部に取り入れ、そこに再び〈愛する対象〉として打ち立てようとする。そうやって自己のうちへと取り込んで再建した対象に向かってリビドーを備給し、深く愛す。そうすることで、外部にあった、喪失した対象（死んだもの）を諦め、断念する。こういう心的過程をフロイトは「喪＝哀悼の作業」と呼んでいる。

デリダは、この思想を踏まえつつ、喪の作業とはモール（死者、馬銜）を口のなかに入れることにあると言っている。それはまた、死んだもの（喪ったもの）を内部に取り入れ、みごとに同一化することであり、ある意味で、モール（死者、馬銜）によって口を塞ぐということであろう。

★ 29――――「コトバの化学［la chimie du verbe］」という言い回しは、ランボーの「言葉の錬金術［l'alchimie du verbe］」（『地獄の一季節』の一つの断章）をもじった言い方である。

★ 30――――鎮痛剤［parégorique］は、後期ラテン語 paregoricus に由来するが、その基になったのはギリシア語 paregorikos（鎮静の）である。この語は動詞 paregorein（鎮める、滑らかにする）から派生している。この動詞は para と egor とに分けられるが、その egor は agoreuein（アゴラで話す、大衆に話しかける）という語に基づいている。それゆえデリダは、鎮痛剤が「コトバとともに和らげ、慰め、激励する」と言うのである。

カント「美的判断の批判」とエコノミメーシス——解題に代えて

湯浅博雄

1　美的判断と趣味判断

なにかある物を美しいとみなす判断は、客観的に定まっている規準や法則があって、それを適用するような判断とは違う。そうではなく、むしろ「美的な判断の規定根拠は判断する主観の感情であって、客観の概念ではない」。

『美的判断の批判』（『判断力批判』第一部）の冒頭で、カントは美的な判断が「悟性＝知力による認識」とは異なっており、対象へと関係づけるのではなく、主観へと（また主観における快・不快の感情へと）関係づけることを指摘する。

ある物が美しいか否かを区別するためには、私たちはその物の表象を対象へと結びつけるのではない。たしかに悟性＝知力は認識することを目指して、そういう表象を対象へと結ぶのだけれども。そうではなく私たちは想像力によって（……）そんな表象を主観へと、ま

> た主観における快・不快の感情へと結びつけるのである。（一節）

美的な判断は「主観との関係に基づいて」おり、ある物が美しいと判断されるのは、その物の表象が快い、味わい深く好ましいと受け止められるからである。満ち足りた感情をもたらし、意に適うからである。

したがってカントは美的判断を、純粋な「趣味＝味わい＝センスの判断」であると考えた。こうして美的な判断は「主観との関係に基づく」趣味＝センスの判断であって、「対象へと結びつける」知的判断、論理的認識の判断とは異なっている。

それでもカントはさきほど引用した冒頭の文章に付した註のなかで、こう書いている。

> それゆえ私は美的判断がその反省＝省察において取り上げるべき判断様式を、それぞれ判断の〔質、量、関係、様相という四通りの〕論理的モメントに従って求めてみたのである（……）。

つまりカントは、『純粋理性批判』において行なった分析の枠組み、ロジカルな認識の判断の分析のための枠組みを導入すると言っている。質、量、関係、様相という四つの判断様式の枠づけ、およびそれぞれに三つのカテゴリーを伴う十二のカテゴリー表という分析上の枠組みをあてはめつつ、美的判断（味わい＝趣味判断）を分析しようとする。

美的判断とはいえ〈判断〉に関わるのであるから、この操作は正当な点もある。しかし無理なところもあるだろう。後でもう一度考えよう。

2　合目的性というフォルムの快さ

カント自身がきわめて適確に要約している言い回しをまず引いておこう。美とは、〈質〉的な次元においては、享受にはなんら利益・関心のない快さ＝適意の対象である。〈量〉的次元においては、普遍的にだれにとっても快いもの、それもコンセプトによることなしに普遍的に快く、意に適うなにかである。

また〈関係〉的な次元においては、美とはある物の合目的性のフォルム（かたち）である。そしてこうした合目的性のフォルムは、その物の目的が概念的に表象されることはないままに、その物のうちに知覚されるかたちである。さらに〈様相〉的な次元においては、美とは必然的に快いものであり、それもそうした必然的様態で快く、意に適うなにかとして、コンセプトに基づくことなしに承認されるものである。

こうした分析は〈美〉について（第一義的には自然の美について）多くのことを教えてくれる。

美しいものは感覚を刺激する魅惑や誘惑ではないし、エモーション（情感、情動）を惹き起こすことはない。いかなる享受や享楽も約束しはしない。美はマチエール的なもの（質料、内容実質）のおかげで快いのではなく、純粋にフォルム的なものとして快く、意に適うものである。他方、〈美しい〉対象を判断するに際し、認識の判断はあたかもその美しい対象が知の対象であるかのようにみなしてしまう。そのおそれがいつもある。が、しかし純粋な味わいの判断は、知的判断ではなく、概念的に規定された判断でもない。

こうした点をもう少し詳しく見てみよう。

ある物を美しいとみなす判断は、その物に魅惑され、利益・関心をもつことではない。その物が現に存在しているのかどうか、そして私がそれを享受することができるのかできないのかという点にはなにも興味なしに、純粋にその物として快いのでなければならない。ということはつまりその物がどんな素材、材料で成り立っているのか、内容をなす実質はなにかといった面には関わらず、それを括弧に入れたうえで、純粋なフォルム（かたち、形式）として意に適う、快い、と判断すべきなのである。

たとえばなぜ自然の花や鳥、昆虫などは美しく、意に適うのだろうか。カントの考えでは、それが「合目的的である」からである。野生のチューリップはまるでなにかの意志や意図に呼応するためであるかのように合目的的である。ただしそのマチエール（質料、内容）においてではなく、そのかたち（フォルム）においてそうなのである。

合目的性とはどういうものだろうか。

植物学によると、野生のチューリップの花は生殖器官であり、繁殖という目的をもっている。だが花の美しさ・快さは、そういう目的とは関係していない。合目的性というのに「花になにであるのか」、「なにであるべきか」という目的のコンセプトにはよらない。

自然の事象がなにかしら目的＝究極へと関係づけられているということ、つまり自然の合目的性と呼びうるものは、それを読み取る人間の主観を抜きにしてもともと自然にそなわっていたものと考えるべきではないだろう。

たとえばチューリップの花という一つの範例が――個別・特殊なものとして――まず先行的に与えられている。そして私たちは後から、そこに普遍性を見つけ出す。法則的なものを見出す。ある種の〈目的への関係〉を、合目的性を読み取る。チューリップの花は合目的的である、意に適う、美しいと判断する。

3　規定的判断と反省的判断

忘れてはならないのは、こういう判断が知的な判断ではないということである。対象との（客観的な）関係であるような認識の判断とは違う。

論理的な判断の場合は、『純粋理性批判』で述べられているとおり、悟性＝知力によって既に与えられている原則や諸カテゴリーを前提にし、それらに基づいて判断される。悟性＝知力は諸々の概念を用いる能力であり、それらのコンセプトを述語として適用しつつ述定表現する能力である。規則や法則（普遍的なもの）はもう既に与えられており、そうしたカテゴリーやコンセプトに応じて個別＝特殊なものを一般性のうちに包摂する。規定し、整序する。

こうした論理的判断を、カントは規定的判断と呼んでいる。

しかし美的判断、趣味＝味わいの判断は、知的・論理的判断ではない。悟性＝知力に奉仕する判断ではなく、もっと自律的に作動する判断である。そういう判断はある一つの花のうちに、つまり個別＝特殊なものである花のうちに、自らの判断に応じて普遍的なものを見出す。すなわちそんな一つの花を、いわば〈範例〉として与えられていると受け止め、自らの判断する能力によって（ここでは想像力の自由な戯れと合法則的に働く悟性＝知力の調和ある合致によって）コンセプトに基づくことなしに普遍的なものを新たに見出す。

カントはそうした判断を反省的な判断と呼んでいる。

このようにして見出される普遍性（法則性）は、「主観との関係に基づく」判断による合目的性である。それはいわば反省的判断力が自律的なやり方でその物（対象）に刻印した合目的性であるとも言える。

とはいえそれは主観との関係に基づく判断であると同時にア・プリオリな判断であって、普遍的なものである。だれもがその判断に同意するのであり、万人がそれを合目的的である、快い、満足感をもてる、美しいと判断するはずなのだ。〈このチューリップの花は美しい〉という判断は、そういう判断を下す主体（私）の主観に関係していると同時に、すべての人（他の人々）が同じように判断するはずであると求めることが〈権利上は〉可能なのである。

なぜなのだろうか。

一つの見方によればこう言えるだろう。なぜならこうした味わい＝趣味の判断（すなわち反省的判断）において作用する能力は万人において共通する能力であるから。美的な判断に関わる認識能力、つまり自由に戯れる想像力と合法則的に働く悟性＝知力の調和ある合致は、すべての人にとって共通するはずであるからだ。

そこでカントは反省的判断の拠りどころの一つとして、共通感（センス）の存在を考えている。

4　目的の概念なしに普遍的に伝わるもの

共通感（センス）についてもっと深く考えるまえに、カントの〈美の分析論〉において理解するのが難しいところにもう一度焦点を絞ってみよう。

なぜある物の美しさ——合目的性という快さ——は、その物の目的が概念的に表象されることなしに普遍的にコミュニケート可能であるとみなされるのだろうか。

野生のチューリップはある目的へと向かって緊張し、調和のとれた仕方で構成されており、合目的的である。が、しかしその目的は見られることはなく、コンセプトを介して表象されることもない。

カントの考えでは、もしこれこれという目的が美を規定するべきであるならば、それは純粋な美ではない。純粋な趣味＝味わいの判断とはならない。

> ある物を、その物を可能にする規定である内的目的に関係させるならば、この物（そしてそこに含まれている多様なもの）に関わる快さ＝適意は、ある一定の概念に基づく快さである。これに反して美に関する快さ＝適意は、およそコンセプトを前提にしないような快さである。（一六節）

チューリップの花はコンセプトによることなしに快く、意に適う。その目的がコンセプトに基づいた仕方で表されることがないままに合目的的である。花はなにであるのか、花がなにであるべきかというイデーが概念的に表象されることなしに合目的的であり、快く、満足感をもたらす。その物が現に存在しているのかいないのか、それを享受できるのか否かには興味なしに、またその物がなにであるべきかという観念＝表象なしに、純粋にフォルム（心的かたち）として意に適い、快く、合目的的である。

美しいのは概念に基づくものではなく、経験における享受に関係するものでもない。美しいのはもっぱらこうした合目的性のかたちであろう。それが快いのだろう。

そして純粋な趣味判断（反省的判断）が自律的な仕方で新たに見出す普遍的なものとは、こういう合目的性のかたちという快さ＝適意であろう。

感性的なものの次元（たとえば経験的な感覚作用に関わるものの次元）は普遍的に伝達・疎通するとは言えない。享受に関わる面も一般的にコミュニケートされるとは言えない。だがしかし合目的性のかたちという快さ＝適意＝満足感は、反省的な（美的な）判断によってコンセプトに基づくことなしに普遍的なものとして見出されるのであり、だれにとっても普遍化可能であって、一般的に伝達・疎通可能なものである。

5　アナロジー関係とミメーシス

カントの分析がこうして進むにつれて、この分析のプロセスはますます次の点を明らかにする。

つまり美しいものは知的ななにかではないし、概念的ななにかでもない。美の判断は学知による判断ではなく、味わい＝趣味という〈活動〉のなかにはコンセプトによるものはない。

この点を解明していくに応じて、カントの行なう「美的判断の批判」は『純粋理性批判』から応用して導入した分析の枠組みをはみ出し、その縁から溢れ出ていかざるをえないだろう。そのことにカント自身どこまで自覚的であったのだろうか。

カントは「美的判断」の分析が、コンセプトによることのないプロセスに対して、コンセプトに基づく認識の分析過程や操作をいわば外側から課すことになる面に気づいている。つまりカントは『判断力批判』の冒頭からそのことに自覚的であったと言える。だが、それにもかかわらず味わい＝趣味の判断と悟性的な認識の判断とのあいだにはある関係が成り立っているのであるから、自分の行なう操作は正当であると考えている。

前に引用した冒頭の文とその註のなかで、省略しておいた箇所を含めて再度引用してみよう。

そうではなく私たちは想像力によって（おそらく悟性＝知力に結ばれている想像力によって）主観へと、また主観における快・不快の感情へと結びつけるのである。

それゆえ私は美的判断が取り上げるべき判断様式を、それぞれ判断の〔質、量、関係、様相という四通りの」論理的モメントに従って求めてみたのである（なぜなら味わい＝趣味判断のなかにも、やはり悟性＝知力との関係が存在するから）。

どのような関係が成り立っていると考えているのだろうか。

カントは味わい＝趣味の判断と悟性による認識の判断のあいだにはアナロジー（類推、類比）の関係が成立しているとみなしている。アナロジー関係という原理こそ、いわば基本法であるかのように味わい＝趣味の判断の分析を支え、維持している。アナロジー関係によって、〈コンセプトによることなしに〉と〈コンセプトに基づいて〉とが関連づけられ、まとめられるはずなのだ。そしてアナロジー関係が原理となるからこそ、ミメーシスが中心的役割を担うのである。

先回りして言えば、カントの考えているミメーシスとは、常識的な意味で「アートは自然を模倣する」ということではない。そうではなく、二つの〈自由〉のあいだのアナロジー的な関係（相似性、相同性）である。

こうしたアナロジー関係（というミメーシス）は、美的判断、純粋な味わい＝趣味判断（つまり反省的判断）が個々人の〈主観との関係に基づく〉判断であると同時に、なぜ普遍的にコミュニケートされるのか、だれもがそう判断するはずであると（権利上は）求めることができるのかという点を考察するための土台になっている。

そこで前に述べた「共通感（センス）」という想定と関連させつつ、このことを検討してみよう。

6　共通感（センス）

カントは「四〇節　趣味は一種の共通感である」のなかで、次のように指摘している。

「共通感（センス）」というのは、いわゆる常識とかコモンセンスではないし、通常の（普通の）人間悟性＝知力＝理解力というのでもない。

共通感〔sensus communis〕とは「あらゆる人間に共通する感覚＝センス」という意味に解すべきであろう。一種の判断力、判定能力であり、そういう判断力は思考するに際して、その反省＝省察のなかで、他のすべての人間の表象の仕方を（ア・プリオリに）考慮する能力である。

なぜ他の人々の表象の仕方を考慮に入れるべきなのか。その理由は次のとおりである。だれでも自分が下す判断は正しいと思うが、しかし自分の判断はなんらかのイリュージョンにとらわれているおそれがある。個別的・特殊的な条件、主観的次元の条件を、一般的な条件、客観的次元の条件と取り違えることから生じる錯覚におちいっているかもしれない。こうした錯覚を免れるためには、自分自身をあらゆる他者の立場に置いて考えてみること、他者の（可能な）

判断によって自分の判断を検証し、支えることが必要である。共通感（センス）はそういう判定能力であろう。

カントの考えでは、こういう共通感（センス）は、たとえばデカルトが『方法叙説』で語ったボン・サンス〔bon sens：良識、良き判断力〕に結ばれるというよりも、さらにいっそう gustus〔趣味、味わい、嗜好、センス〕に結びつくはずである。言いかえれば、「あらゆる人間に共通する感覚＝センス」という名は、知的判断力よりもはるかに美的な判断力にこそふさわしいだろう。

このときカントは注釈を付けており、それによれば「センス」という語は、「単なる反省＝省察が心〔ゲミュート〕に及ぼす効果に関して」用いるとされる。そして「実際、ここでは〈センス〉は快の感情を意味している」と述べている。つまり「あらゆる人間に共通する感覚＝センス」とは根本的に言って〈快の感情〉である、と考えている。

さらにひとは趣味＝味わいを、次のような判断力であると定義することさえ可能だろう。すなわち趣味とは、与えられた表象が私たちにもたらす感情をコミュニケート可能にするもの――それも、コンセプトを介することなしに普遍的に伝達・疎通可能にするもの――を判定する能力のことである、と。

（四〇節）

続けてカントは、人々が自分の思想を相互にコミュニケートする場合と、ある物（その表象）を美しいと判断するときに抱く〈快さ〉を相互に伝達・疎通する場合との相違に言及する。

人々が互いに自らの思想を伝達し合うためには、やはり想像力と悟性＝知力との関係が必要である。この関係によって概念に直観が結ばれ、また逆に直観に概念が結ばれ、そうすることで一つの認識へと収束していく。しかしそうなると、この二つの心的能力の合致はただちに法則に従うことになり、規定された概念（コンセプト）に服することになる。

このように各人が自らの思想を互いにコミュニケートするときには、コンセプトを介して伝わるのが当然である。それに対し、ある種のケースには、個々人が抱く表象（それに結ばれている感情）は「思想としてコミュニケートされる」のではなくて、「合目的的な心的状態の感情」として伝わる。

自由に動く想像力が悟性＝知力を喚びさまし、そしてこの悟性がコンセプトを介入させることなしに想像力を規則的な戯れ＝作動のうちへ導く場合にのみ、各々の人間が抱く表象は思想としてコミュニケートされるのではなく、内的感情として——つまりある目的へと合目的的に適合した心的状態の感情として——疎通・伝達されるのである。
それゆえ趣味＝味わいは、与えられた表象と結ばれている感情がコンセプトを介することなしに普遍的にコミュニケーション可能であることを、ア・プリオリに判定する能力である。（四〇節）

「想像力が自由に動いて悟性＝知力を喚びさます」ということ。そして「悟性＝知力はコンセプトを介することなしに想像力を規則的な戯れのうちへと導く」ということ。そういう場合にのみ、各人が抱く表象に結ばれている感情、たとえば味わいの〈快さ〉のような感情は、コンセプトによることなしに普遍的にコミュニケートされるだろう。だれもが（つまり他のすべての人間が）同じような表象の仕方をすると信じられるだろう。

7　芸術（自由による産出）と天才（自然の賜物＝贈与）

カントはまず自然の美の判断についてこのことを主張している。だがそれだけでなく、アート（美しいアート、芸術）の判断においてもそれが成り立つと考えている。
カントの根本的思想によれば、芸術は〈自由〉による産出でなければならない。ちょうど自然における美しさ——美しいフォルム、合目的性のかたち——が〈自由〉による産出であるのと同様に（たとえ自然の法則は必然的であるにしても）。自由による産出同士のあいだで初めて、快さという感情は概念に基づくことなしにすべての人が同じ表象の仕方をする（普遍的にコミュニケートされる）と信じられる。

アートはたとえば蜜蜂の巣のような産出とは異なる。蜜蜂の巣はみごとな技であるにしても、自然のうちに書き込まれていること（本能）であって、人間（理性を備えた主体）による自由な活動ではなく、戯れでもない。蜜蜂の活動は agere〔動くこと〕である。人間の活動は facere〔成すこと、作ること〕である。

次にアートは学問的なものではない。「美の学知があるのではなく、美の批判だけがある。また美しい学問があるのではなくて、美しいアート〔芸術〕のみがある。」美しいものは知的ななにかではなく、概念的なものに基づいているなにかでもない。

さらにアート一般は手仕事＝手職とも違う。職人的技芸はその労働価値を賃金と交換する。それは報酬のアートである。

アートは本来的に〈自由による産出〉でなければならない。アートは人間の能力、適性であり、人間の特性＝固有性である。定め＝運命でさえある。

カントはこのようにアート（とりわけ美しいアート、芸術）を自由な主体による産出（そして産出行為）であると考えるとき、その典型として天才＝天賦の才能をあげている。

天才とは芸術に規範を与える才能（自然の賜物）である。　（四六節）

芸術は必然的に天才のアートとして考えねばならない。　（同節）

芸術は規範なしにはすまされないだろう。だがそういう規範はあらかじめ知的・論理的に導き出されているのではない。「コンセプトを規定根拠とした、したがって（芸術の産出を）可能にする仕方の概念を根底とした規範」があらかじめ与えられているのではない。それにもかかわらず規範がなければ「およそそういう産出は芸術と呼ばれえない」とするならば、必然的に天才こそが――一方で自由に動く想像力と、他方で法則に従う悟性＝知力との調和ある合致によって――規範を与えねばならないだろう。

天才は、規範となり、範例となるような芸術作品を産み出し、万人に贈る。だがしかし、そのとき天才は自然が口述するものを聴き取っている。自分が与える諸々の範例（あるいは規範）を、自然から指図してもらうのだ。

天才は産み出し、贈与する審級であるが、しかしまた同時にピュシス（自然）によって産み出され、贈与されたものでもある。自然の（による）賜物＝贈与である。

天才に関わるカントの思考を突きつめると、天才はいわばピュシスの代表者とみなされている。天才は自然の産出力＝産出行為を代理して表し、再現的に表す。逆向きに言えば、ピュシスは天才を経由しつつ自分自身を表現し、産み出すとも言えるだろう。

8　自然の能産性と芸術的産出

天才（を初めとする芸術家）は自然のなかの事物や事象を模倣するのではない。自然の産出物を再生する、再産出するということはない。つまり産み出された（所産的な）自然を模写したり、映し出したりするのではない。そうではなく、産み出す（能産的な）自然の行為を再開し、繰り返すのだ。つまりピュシスの作用・働き・操作を模擬するのである。

このことは、芸術家による作品の産出と、自然のアクション（活動＝効力）という産出とのあいだにアナロジー関係が成り立っていることを想定している。

産み出す（能産的）自然は一種のアート（芸術）のようにみなされている。そして「アート」であるからにはそこに作者が――自由な主体が――いる、と想定されるだろう。逆に産み出す芸術家は、またその産出は自然的なものである（あるいは自然に見えるものである）と想定されるだろう。

たとえば野生のチューリップの花の快い美しさも、産み出す自然の能産性としての美であって、産み出された自然（所産的自然）としての美ではない。唯一の美は能産的自然の美である。「自然な美とは、自然のアートによる産出であっただろう。」

そういう美はいわば自然というアーティストが産み出す〈作品〉である。さらに踏み込んで言えば、産み出す自然の美とは、暗黙のうちに、芸術家たる神のアートによる産出であると想定されているだろう。

自由な主体――その最高の範型は天才であるような主体――が、自らの能力、適性、特性＝固有性を通して産み出す芸術作品は、同じように自由な主体（作者）である神が産み出す作品に類似している。つまり能産的自然に――その産出行為、産出力に――アナロジー的なのである。

なぜだろうか。なぜなら自由な主体の産出性は自然の法則に（すなわち必然的規則として作用し、拘束する法則に）依存していないからである。逆説的ではあるが、自然（の法則）に依存しなければしないほど、ますます自然（の能産性）に似るのである。

9　〈自然というエコノミー〉とミメーシス

一方で一輪の自然の花が快く美しいのは、そのフォルム（かたち）における合目的性が、産出する自然のアートによって産み出された作品となっているからである。他方でそれと照応して、次のように言われる。つまり芸術作品はどうしても自然という外観をもっていなければならない。それもまさに自由による産出（制作）として、自然に見えるのでなければならない。芸術作品は、それが最も純粋にアート的なものとして仕上げられた作品であるまさにその瞬間に、自然の活動＝効力によってもたらされる産出に類似していなければならないのだ。

芸術の産出を前にして、問題なのは自然の産出物ではなく、アートなのだという意識をもたねばならない。しかしながら芸術的産出のフォルム（かたち）における合目的性は、恣意的な規則によるあらゆる拘束＝強制から自由であって、あたかもこの産出が単なる自然の産出物であるかのように見えるのでなければならない。

こうした自由という感情、われわれの認識能力〔ここでは想像力と悟性＝知力〕の戯れ＝作動のうちにみなぎる自由の感情——その自由は同時に合目的的であるはずなのだが——、この自由のうえにこそ〈快〉は基づいているのである。つまり快とは概念（コンセプト）に基づくことなしにすべての人に普遍的に伝達・疎通可能な唯一のものであるが、そうした快はこんな自由のうえに立脚しているのだ。（四五節）

さらに続けて、カントはこう書いている。

> まえに述べたとおり、自然が美しいのはそれが同時にアートのように見える場合であった。そして芸術（アート）が美しいと呼ばれうるのは、それがアートによるという意識をわれわれがもっているのだが、しかしわれわれにとってはそれが自然のように見えるという場合のみなのである。（同節）

産み出す自然の産出行為は一種のアートとみなされており、〈美しい〉というのはそういう能産性を形容する語である。他方、人間主体の自由によって産み出される芸術（アート）が美しいのは、それが産出する自然のように能産的である限りにおいて、美しいのだ。アートはなにかを再現するかに見えても、それはもっぱら自然の産出行為を再び産み出すだけである。ピュシス（という自由な主体、作者）のアートを再開し、反復するだけなのである。

このことをピュシスの側から見れば、ピュシスは人間主体のアートを通じて自分自身を産み出し、贈与するのである。自由な主体のアートによる創造において、ピュシス（自然＝本性）は、そして人間のオイコス（本来性＝固有性）は、自分で自分を映し出している。つまり自らの自由のうちに、また自らの能産性のうちに自分自身を反映している。

その意味でミメーシスは――つまり自然というアーティストの産出行為と人間主体のアートという産出行為のアナロジー関係は――、ピュシスのエコノミーとなっている。オイコノミア

――すなわちオイコス（本来性＝固有性）のノモス（配分法則）――となっている。言いかえれば、自然＝本性的なもの、本来的で固有なものが循環的な回路をなし、いったんは産み出され贈与されるかに見えても、最終的にはつねに自分自身を回収して再所有し、固有化する運動となっている。

10　自然のランガージュと詩人のロゴス

カントのアート（技術および芸術）の思想、そしてまた「美的判断の批判、純粋な趣味判断の批判」という思想は、『純粋理性批判』と『実践理性批判』も含めてこれまでの思想・哲学が突き当たっている難関の一つ――たとえば主観と客観の対立、精神と自然の対立、内的現象と外的現象との対立、等々――をのり超えようとしていると言ってよいだろう。共通感（センス）という考え方は、「思考するに際して、その省察＝反省のなかで、他のすべての人間の表象の仕方を（ア・プリオリに）考慮する能力」というかたちに解すれば、学ぶべきところが大いにあるだろう。ただカントは共通感（センス）という微妙な機能＝能力を想定しつつそれを深く掘り下げることは保留している。

おそらく主としてそのせいで、「目的なき合目的性」という刮目すべき思想も、たとえば「モラル的本分」という目的へと収斂していくことになるだろう。

> 自然はその美しい産出においてアートとして自らを示すのであり、それもただ偶然に、ではなく、いわば意図的に、法則に従った配置・構成に応じて、目的なき合目的性として、そうするのである。こうした目的を外部のどこにも見出せない以上、われわれは当然これをわれわれ自身の内に求める。まさしくわれわれの現存在(Dasein)の最終目的、すなわちモラル的本分を構成している当のもののなかに求めるのである(ただし自然のそうした合目的性を可能にするものの根拠が問題となるのは、後述する「目的論」においてである)。
>
> (四二節)

カントの考えでは、私たちは自分自身のうちに目的を求める、「モラル的本分を構成している当のもののなかに求める」。当然ながらカントは、美的次元とモラル的次元とのあいだに、そして純粋な趣味判断とモラル的判断とのあいだにアナロジー関係を認めている。

趣味判断は享受にはなんら興味なしに〈快い〉と判定する。マチエール的なもの(質料、内容実質)のおかげで快いのではなく、純粋にフォルム的なものとして快く、意に適う。合目的性のかたちとして快いのであり、その目的が概念的に表象されることのないままに意に適うのである。

モラル的判断も同じようにマチエール（内容実質）的部分を宙吊りにしたうえで、立法化のフォルム（法・規範を定めるかたち＝形式）として実践理性を満足させる。ただし、この判断はコンセプトに基づいて作用する点が異なっている。こういう相違にもかかわらず、両者のあいだにある種のアナロジーを認めるために、カントは「自然がしるし、あるいは痕跡を与えている」という言い方をしている。

カントの思想においては、自然は（その能産性として見られた自然は）本来的に〈ロゴス〉であるとみなされており、ある種の言語活動を行なう。そしてそんなランガージュ（語法、言葉づかい）はあることを示している。自然の語法が示していることは、なぜ私たちは、自然における美を経験するとき、それにモラル的関心を抱くはずであるか、を説明することにつながっている。

私たちのうちには利益・関心のない快がある。もっぱら合目的性のフォルムによる快さ。そういう快さは「主観との関係に基づいており」、目的の概念的表象がないままに快い。しかし、どれほど「主観的」に見えても、私たちの快と自然の合目的性とのあいだには、合致、合意が成り立っている。もしこうした合意がなかったとしたら、〈よい〉ということ、意に適うということは説明できない。「しかるにこの合意が概念によって明示されることはないし、証明されることもない。それゆえなにか別の仕方で自らを告げるはずである。」

こうした合意はどのように自らを告げるのか。自然が与える「しるしや痕跡によって」告げるのである。一方で、自然自身が行なう産出の合目的性と、他方で私たちの利益・関心のない快さとのあいだには、たとえこの快さ・適意が目的から切り離されているように見えるとしても、一致、照応、合意があるということ。「しるしや痕跡」はそれを告げるのだ。

> 理性は関心をもっている。自然がなんらかの痕跡、しるし＝記号を与えているということに関心がある。どのようなしるしか。それはつまり、自然は自分自身のうちにある種の根拠を含んでいるということ、すなわちわれわれの利益・関心のない快と、自然の産出とのあいだの一致を想定させる根拠のようななにかを含んでいるというしるしである。
>
> 理性はまた、そんな一致が自然によって外化されることにも関心をもつはずである。したがって心(ゲミュート)は、自然の美しさを省察しようとすればそれと同時に、自らがこういう美に関心をもっているということに気づかずにはいられない。そんな関心はまさにモラル的関心に類似しているのである。（四二節）

さらにカントは、「しるしや痕跡」について、「自然がその美しいフォルムにおいて象形的にわれわれに語りかけるところの暗号化された文字表記」と言っている。自然が私たちに示す美しいフォルム（諸形式）は、なにも意味するわけではないし、なにかの規定された目的をもつわけでもない。が、しかしそれらのフォルムはまたそのこと自体によって秘められた（暗号化された）しるし＝記号でもある。自然の産出のなかに託された象形的なエクリチュール（暗号文）でもある。

こうしたしるし＝記号はその作用（記号作用＝意味作用）を行ない、なにかを告げるのであるが、しかしそういう作用や告げられるものは客観的真理として措定されているわけではない。私たちが美に関心をもつとき同時にモラル的関心も抱くということ。この議論は次の点を前提にしている。つまり自然が示すしるしや痕跡は、概念に基づく学知によってコントロールされる必要がない、という前提である。たとえば自然の白い花は快く美しいと同時に無垢という観念へとひとを導く。それは自然のランガージュを私たちが読み取っているのであるが、この読みを支えているのは信頼、信用である。自然の（暗号化された）言葉づかいの誠実さ、真正さを私たちは信じている。たとえその客観的なコントロールができなくても、信頼している。

こうした自然の行なう言語活動の誠実さ、真正さを最もよく継承しているのは、カントの考えでは、詩人のランガージュである。カントは見たように芸術家の範型を〈天賦の才・自然の贈与＝賜物〉としているが、なかでも「言葉を語る天才」である詩人を最高位にすえている。

というのも第一に、言葉を語ることは、プラトンの『対話篇』におけるソクラテスがそうであるように、いつも「自分が語るのを聴く」という構造をなすと思われるので、自らが自らを触発する、自分は自分（の意識に、そして自分の言述や経験）につねに現前していると信じるのを可能にするからである。さらには詩人の言葉（言語活動）は思考の充溢を忠実に再現して表す、とみなされているからである。

11　範例的口唇性と喪＝哀悼のプロセス

ここからは少し視角を変えて、〈口唇〉という問題系に関して、注記しうると思える点を指摘してみる。

カントは「美的判断」を純粋な gustus［goût］――味わい、味覚、趣味、センス――の判断であると考えた。それゆえなんらかの意味で〈口唇〉に関わりがあるだろう。（口唇、あるいは口唇性という用語は、基本的にフロイトのタームとして理解しよう。）デリダは、カントが二つの口唇性を対比して語っている箇所に注目する（「四二節　美に対する知的な関心について」）。一方は、消費＝飲食する口唇である。「飲食に関する官能的感覚の享受」に関心をもっている。他方は、自然が（たとえば小夜啼鳥が）歌い、語る声であり、その真正さ、誠実さを継承する詩人が語る声である。一方で消費の場、楽しみ味わうことの場である口唇。しかしまた同時にロゴスを産み出し、発信する口唇。

しかるにある物を美しいとみなす判断は、実質的なものによる刺激や魅惑には興味なく、享受することには関心のないままにもっぱらかたちに快さを認める。ということはつまりその物は〈享受の対象〉としては断念され、喪われている。いわば喪＝哀悼に服した状態と言えよう。そうすると趣味＝味わいの判断は、当然ながら前者の口唇性ではなく、後者の口唇性を、すなわち消費を差し控え、自然的に消化することを断念して、その代わりにひとえに言葉を発信することを範例とみなすだろう。強く言えば、消費＝飲食しないことが味わい＝趣味の可能性の条件とさえ言える。

範例としての口唇は実際に口に入れて飲食することをしない。享受することを断念している。自然的なやり方で消化し同化することを諦めて、その代わりにイデア的な仕方で消化＝同化する。このことは喪＝哀悼に服した状態が十分に進行し、喪の作業が完了することに結ばれている。

趣味判断において、〈美しい〉と判定される物は、つまり快く、意に適う物は、十分に喪＝哀悼を行なうことのできる対象であって、それゆえ表象されることも可能なのである。名指されること、言葉として語られ、名づけられることができるのだ。こうして範例的な口唇性は、言葉として発信し、表現することに関わる。最良の口唇性は、「言葉を語る天才」である詩人の口ゴスとみなされるだろう。
〈喪＝哀悼を行なう〉とはどういうことなのか。フロイトの理論を概観しつつ、デリダの考え方を追求してみよう。

愛しているもの（つまりリビドーを備給している対象）を喪ったとき、その喪失にひとはどう対処するのだろうか。喪失した対象（たとえば死んだ者）にいつまでも執着している限り、生者の心はそこに固定されており、別のこと、新しいことに関わっていけない。鬱の状態（もしくはメランコリー）に陥ってしまう。なんらかのやり方で諦めることが必要となる。諦めるのではなく諦めること。どういう心的過程が生じるのだろうか。

人間（の自我）にとって最も原初的な〈対象との関係〉が再構成される。つまり同一化〔identification〕という関係が生じる。自分と（自分が愛している、喪った）対象とを同一視する。喪失したもの（死者）をイデア化するやり方で自己のうちへと呑み込み、取り入れること。ちょうど未開人が畏敬する死者の身体を口唇的に食べて自分のうちへ取り込んだのと同じように。そうすることで死者と自分が同一化したと信じたのと同様に。

愛着する対象を喪って哀しみ、喪に服し、追悼する人間は、死んだものをイデア化する仕方で自己の内部へ取り入れ、そこに再び〈愛する対象〉として打ち立てようとする。そうやって自己のうちへと取り込んで再建した対象に向かってリビドーを備給し、深く愛す。そうすることで、外部にあった、喪失した対象（死んだもの）を諦め、断念する。こうした心的過程をフロイトはある種の作業＝労働として捉えており、「正常な喪＝哀悼の作業」と呼んでいる。

喪＝哀悼を十分に行なうということは「喪の作業」が正常なやり方で進行し成就するということである。喪＝哀悼がうまく完了すると、喪ったものはみごとに取り入れられ、自己の内部に含まれる。同一化が全的に成立する。

愛着する対象であっても、私にとっては他なるものであったのだが、そういう他者の〈他なる〉ところは縮減されてしまい、同化される。〈私の〉他者へと変わる。私のものへと所有化され、固有化される。喪＝哀悼のプロセスが正常に進行して終了することで、喪った（愛する）対象は私のものとして固有化され、私の内部で再び打ち立てられる。私は愛の方向（リビドー備給の方向）を、そういう（自己のうちに再建された）対象へと振り向け、そのおかげで外部にあった（喪われた）対象を諦めることができる。

こうしたフロイトの考え方を踏まえて、デリダは常識とは逆転した言い方をする。つまりひとは自分が愛着する対象を我が物に所有することで諦め、断念する。魅惑的な対象を享受することを断念することによって、我が物にする、と。

12　非享受、喪の完了、表象可能性

見たように、趣味判断において、〈美しい〉と判定される物は、マチエール（内容実質）的なものによる刺激や魅惑とは無関係に、享受することには関心のないままにもっぱらかたちとして快く、意に適う。したがってその物は〈享受の対象〉としては断念され、喪われている。肝心なのは、享受することが差し控えられ、中断されている、ということである。それが趣味判断の可能性の条件でさえある。そのおかげで、十分に喪＝哀悼を行なうことができる。それゆえ表象されることも可能なのである。非享受という宙吊りのおかげで、喪の過程が進行し、表象すること〔représentation〕が可能となっている。

対象を自然的に消化＝同化することをせず、その代わりにイデア的なものとして同化する。イデア化するやり方で内向投射し、取り入れ、自分のうちにイデア的対象として設立し、それによって快を与えられ、満足感を得る。そのことによって、物（対象）はあるやり方で外部に分離したままとどまる。距離が保たれる。直接性（無媒介）ではなく、間接性の次元が確保される。言いかえると、それは媒介性＝記号性の次元が開かれるということであり、物（対象）を表象すること（代理して表し、再現的に表すこと）が可能になるということである。それはまた言葉によって言い表すことができる、ということでもある。つまり〈言葉という記号〉によって——言語＝記号として——表現することが可能だ、ということである。

別の視点から見れば、物（対象）を言葉として語ること、名づけることができるというのは、自分とは異質な〈他〉によって触発されているときでも、そういう触発をいかにも自分で自分を触発しているかのように信じられるということである。物（対象）は私にとってはまったく他なるものなのだが、そういう他者の〈他なる〉部分、他者性をなす部分は縮減され、イデア的に同化される。〈私の〉他者へと変わる。私のものへと固有化される。どれほど異質なものによる触発であっても、自らが自らを触発していると信じることができる。その可能性が確保される。

13　趣味判断にとってネガティヴなもの

ある見方によれば、味わい＝趣味の判断にとって、嫌な味わい、嫌悪感や不快感をそそるもの、吐き気をかき立てるものは当然ながら他者であり、本来的な領域ではなく、非本来的な部分、異邦のものである。文字通り吐き出されるはずのものである。

　しかし「他者」と言っても、そこには表象することの可能な他者と表象不可能な他者が微妙に二重化しているのではないだろうか。

　通常の考え方では、嫌悪感をそそる不快なもの、吐き気をかき立てるものも、表象されるものだとみなされている。名指されるものであり、言葉によって言われ、名づけられるものである。そう信じられている。

その理由は、享受が中断されており、実際的に口唇に入れることを断念して、イデア化した仕方で取り入れるからである。自然的に消化＝同化することを宙吊りにし、その代わりにイデア的に同化するからである。

こうして嫌悪感をそそる不快さ、吐き気をかき立てるなにかも、名づけられる。人々はそれを、文字通りの（本義の）吐き気と受け取る。たとえば『実用的見地における人間学』が規定するように、味覚＝味わいに嫌な感覚を起こさせ、むかつきを与え、吐き気を催させるものである。そして比喩的な転義としては、精神的になにかを味わう場合に、画一的な表現などがしつこく繰り返されると、そんな嫌な感じを払い除けようとすることも吐き気と呼ばれる。

こういう嫌悪を催させる不快さ、吐き気をかき立てるものは、味わい＝趣味判断の体系にとってむろん他者であり、ネガティヴなものである。しかしまったく異質な他者ではない。還元しようのない異質性ではない。

ちょうどそれは崇高の感情が占めている位置と類似している。つまり崇高は、生の諸力がいったん制止＝抑制され、押しとどめられたあと、すぐに続けてそれだけいっそう強く烈しくなって溢れ出すことに結ばれた感情＝心情であるが、そこには一種の〈不快である快〉が認められる。こうしたネガティヴな快さ＝適意はたしかに快のネガティヴではあるにせよ、やはり快にほかならない。崇高は〈美的判断〉にとって絶対的に他なるものではない。味わい＝趣味の体系は、そうしたネガティヴなものを同化することができる。というのも喪＝哀悼の作業は絶対的に妨げられているというわけではなく、イデア化するやり方で内向投射して取り込むことは不可能ではないから。ネガティヴなものは他者であるが、趣味の体系にとって〈自分の〉他者である。

崇高なものは美しいアートのうちに生じることもありうる。そして芸術は醜いものや嫌悪をそそる不快なものに美しさを与えることもできるのである。カントは「四八節　天才と趣味との関係について」のなかで、自然美（美しい物）と芸術美（ある物の美しい表現）との違いを指摘したあと、芸術（美しいアート）の長所として、自然のなかでは醜く、不快を抱かせる物であっても、芸術はそれを美しく描写することができると言う。「狂暴、疾病、戦争の荒廃などでも、痛ましい災禍として美しく描写されるし、さらに絵画においてみごとに表象されることもありうる。」

14　タウトロゴスの構造――絶対的に他なるもの

しかし、カントの考えでは、ある種の醜さだけは表象されることができず、むりに表象しようとすると美を台無しにしてしまう。

醜さの一種だけはその本性＝自然に応じて表象することができず、仮にそうするならばあらゆる美的な満足を、そして芸術的な美を台無しにする。それは吐き気をかき立てる醜さである。

異様な感覚を伴って、対象はいかにも享受せよ、と押しつけるかのように表象される。するとこの対象の芸術的表象と、対象の本性＝自然とは区別できず、もう美しいとはみなされない。

こういう〈吐き気をかき立てる〉なにかは仮に表象されるとしても、いかにも享受せよ、力づくで呑み込め、と押しつけるやり方で表象される。それゆえ享受の中断が中断されてしまう。つまり享受することを差し控え、距離を保ち、イデア化する仕方で取り込む（そうやって表象作用を可能にする）宙吊りを、いわば再度宙吊りにしてしまう。喪＝哀悼の作業が進行するのを妨げる。むりやり享受を強いるので、距離が確保されず、表象されることができない。したがって、表象されようとしてもその表象は自らを廃棄してしまう。

ここで問題となっている〈吐き気をかき立てる〉なにかは、きわめて特異である。それは醜く、嫌悪感をそそる対象、吐き気を催させる対象というのとは微妙に異なる。それらの嫌な醜い対象はイデア化されて取り込まれ、表象され、名づけられることが可能である。芸術的に表現され、救われることもありうる。しかしこの〈吐き気をかき立てる〉ものは、表象されようとしても表象は自らを廃棄してしまうので、趣味＝味わいの体系にとって絶対的に他なるものであり、いつも異質な他者である。崇高なもののようなネガティヴな快としてさえありえず、範例的口唇性（言葉として発信し、表現する口唇）からは吐き出されるほかない。ということはつまり「吐き気をかき立てる」という語、「吐き出されるもの」という言葉によって名指され、適切に語られるように思えても、実のところ名指されない、語りえない部分はけっして消えず、名づけられないなにか、言い表しえないなにかとして、表象しようのないなにかとしてとどまる、ということである。

以上のとおり見てくると、通常の見方のように、味わい＝趣味の判断にとって、嫌悪感や不快感をそそるもの、吐き気をかき立てるものは当然ながら他者であり、本来的な領域ではなく、異邦のものであって、文字通り吐き出されるはずである、〈吐き出されるもの〉こそ、純粋な趣味判断の体系から排除されているものだ、と言うだけでは十分でなく、不正確である。

そうではなく、もっと正確に言えば、絶対的に排除されているのは、吐き出されるものの〈代替〉の可能性である。吐き出されるものを、まったく異なる他者によって（つまり同質的な、表象可能な他者ではなく、還元しえない異質性としての他者によって）代替する可能性が除外されている。表象しえないもの、名づけえないものによって代替する可能性が絶対的に排除されている。しかし味わい＝趣味の判断の体系は、そう考えるのではなく、文字通りに吐き気を催させるものが、すなわち〈吐き気をかき立てる〉という語によってみごとに名指されているものが排除されるのだ、吐き出されるのだとみなす。そうすることは、趣味判断の体系の内部と外部の区別、本来的な対象領域と非本来的な異邦の領域との区別を安全に守ることに役立つだろう。

純粋な趣味の体系からどうしても抜け落ちてしまうもの。それは喪の過程を妨げ、哀悼の作業が正常に進行するようにはさせないものである。範例的口唇性のうちに収まらず、そこから溢れ出し、縁（ふち）のうえにあって動く。味わい＝趣味の判断の体系はそんな異質性を取り込めない。喪＝哀悼の作業を完了することによって自己のうちへと固有化することができない。それゆえいつまでも断念することができないのである。

まったく異質な他なるものは、完全に取り入れられて内にあるのではないし、かといって諦められ断念されてしまうのでもないので外に存在すると言いきることもできない。それは表象しえない、名指しえないなにかであって、内でもなく外でもなく、絶えず回帰し、再来するものとなる。そしてそのつど単独かつ特異ななにかとして反復的に生きられる。つねに表象不可能なものとして、いわば言い表しえない「夜、沈黙」のままとどまるがゆえに、また再び言われるべきものとなる。トートロジー的に言い直されるものとなる。トートロジー（タウトロギア、タウトロゴス、すなわち等しいもの＝類似したものを反復的に語ること）という構造。そういう構造こそ、趣味判断の体系から抜け落ちるものが構築するかたち（フォルム、形式）そのものである。

訳者あとがき

本書は Jacques Derrida, *Economimesis*, in *Mimesis des articulations* (Aubier-Flammarion, 1975) の全訳である。本書の成立について簡潔に述べると、本書『エコノミメーシス』は〈ミメーシス〉を主題とする共同著作の一篇として書かれた。その共同著作である *Mimesis des articulations* は六篇から成っており、デリダ以外の共著者はシルヴィアーヌ・アガサンスキー、サラ・コフマン、フィリップ・ラクー゠ラバルト、ジャン゠リュック・ナンシー、ベルナール・ポートラである。

この時期、デリダはコフマン、ラクー゠ラバルト、ナンシーとともに四人で新しい思想・哲学叢書「ラ・フィロゾフィー・アン・エフェ」(La philosophie en effet) を立ち上げ、監修者となって刊行することを開始していた。出版を引き受けたのは、オービエ・フラマリオン社であった。この哲学叢書はやがて版元をガリレ社に変え、その後デリダ、コフマン、ラクー゠ラバルト、ナンシーを始めとして多くの思想書を出版し、現在に至っている。ミメーシスをテーマとする共同著作は、この叢書の一巻として編集され、公表されたのである。

そこでは、プラトン、アリストテレス、カント、ニーチェ、フロイト、ハイデガー、ヴィトゲンシュタインたちのテクストを読むことを通して、ミメーシスという概念を根本的に問い直す試みが行なわれている。古代ギリシア以来、ミメーシスは西欧の文化・思想・哲学・芸術の根底に場を占めてきた。ピュシスは生え出るものであり、自分で自分を産み出し、成長していく。こうした自然の産出と人間による産出や生産とはどういう関係にあるのだろうか。人間の行なう産出は再産出＝再生産として捉えるべきなのか。しばしば引用される言葉「テクネーはピュシスを模倣する」という言い回しは、なにかある事物がオリジナルなかたちで存在しており、それを他の事物が映し出し、複写する、真似るということなのか。あるいは代理して表し、再現するということなのだろうか。プラトンのイデア論を吸収し応用してキリスト教神学が主張するように、「人間は神の似像（イマージュ）である」のだろうか。人間の活動（テクネー、産出する行為、作業、労働）は神（の御業）に類似しているのか。文化的伝統を継承しつつ思索し、新たに産み出すということは、反復可能性を当然のものとして含んでいるが、こういう反復可能性は通念のとおり同一性（本来的に自己同一であるもの）を前提にしているのか。それとも自己（へと現前する）同一性をつねに欠くものから発しているのだろうか。

これらの問いはギリシア以来、ミメーシスと深く関連しており、ミメーシスをどう読み解くかによって少しずつ位置取りがずれてくる。デリダの論考『エコノミメーシス』は『判断力批判』（とくに第一部『美的判断の批判』）を読みながら、カントにおけるミメーシスの観念を問うている。カントのミメーシス観はどのようなものだろうか。アリストテレス以降の伝統とどう繋がり、どうずれているのか。先行して存在するものを写し、模倣するミメーシスではなく、アナロジー関係としてのミメーシスはエコノミー（オイコノミア、すなわちオイコスのノモス）とどのように結ばれているのか、そこには神学的存在論に基づいた、人間学＝神学的なミメーシスが意識されないままに内包されているのではないか、など多くの問いを掘り下げ、究明していく。さらには〈喪＝哀悼の作業〉が正常に成就するプロセスに即した口例性（範例的口唇性）という精神分析的観点を導入しつつ、『判断力批判』からなにが脱け落ちているのか、純粋な趣味＝味わいの体系としての美的判断の体系からまったく異なる他者として吐き出されるものはなにか、吐き出されるものは一種のパレルゴンとして作用し、美的判断を枠づけ、縁で囲んで内部を画定すると同時にその外を開いているのではないか、等々の問いを展開している。こうした点に関しては、「カント『美的判断の批判』とエコノミメーシス」という小論を試みた。この小論は解題の役を務めるにはまったく不十分だし、実のところ「解題に代わる」こともできないが、いささかなりと読者の参考になれば幸いである。

本書がなぜ単行本未収録のままになってきたのかという事情について、少し補足したい。デリダはほとんどの場合、シンポジウムにおける講演というかたちで発表した（そして、シンポジウム報告論集として刊行された）論考を、後になってから手を加え、単行本に収録している。たとえば『滞留――モーリス・ブランショ』は初め、シンポジウムで講演され、まずシンポジウム報告論集『文学（へ）のパッション』（*Passions de la littérature*）の一篇として刊行されたが、のちに少し語句を直し、注や引用形式を整えて単行本として出版されている。『死を与える』も同様に最初、シンポジウム報告論集『贈与の倫理』（*L'étique du don*）のうちに巻頭論文として掲載されたが、数年後にいくつかの語句を手直しし、注および引用形式を整序して、単行本化されている。しかし本書はそうではなく、単行本として出版されることはなかった。スリジ・ラ・サルの古城で行なわれたデリダをめぐるシンポジウム（何度も開かれたうちで、「自伝的動物」と題された合宿討論会）においてデリダと話す機会があったので、『パッション』や『信と知』について質問したと同時に本書についてもいくつか質問することができた。そして、なぜ『エコノミメーシス』を単行本にしなかったのか訊いてみた。答えは予想していたとおりだった。『エコノミメーシス』という論考は六人の書き手による共同著作のうちの一篇であるから、その総体のかたちを保持したいということである。それから本書においては注が極端に少ない点や、カントの本文の引用が窮屈に詰められている点なども尋ねてみた。デリダは、これも予想したとおり、もし単行本にするとすればいつものような引用形式にするし、もっと注も付け加えるだろうと語った。そこで、日本語訳においては引用形式を通常のかたちに整えてもよいだろうかと訊くと、それでよいと返答してくれた。それゆえ原著（共同著作）においてはスペースが十分でないという理由で詰められている引用を、通常の仕方に整えている。さらに極端に長い段落においては、訳者の判断によって改行した箇所がいくつかある。

訳出するにあたっては、共訳者である両名が数回集中的に読み合わせを行ない、協力して訳稿を作っていった。したがって翻訳の文責は両者にある。デリダのテクストのもつ豊かさ、そのこだまを、可能な限り日本語の文脈において反響させようと試みたけれども、どこまでそれが実践できたかは覚束ない。どうか忌憚ないご叱正をお願いする。本書はけっして長いテクストではないが、訳者の力量不足のせいで訳出に長い時間がかかってしまった。(『滞留』や『パッション』の訳書はデリダに届けることができたが、本書をお目にかけることはかなわなかった。早過ぎる逝去がいまさらながら惜しまれてならない。)遅々として進まぬ訳業を見守ってくれた未來社の西谷能英さん、丁寧に、かつ適切に編集作業を進めてくれた中村大吾さんに心より感謝申し上げる。

二〇〇六年二月初旬

訳者を代表して

湯浅博雄

■訳者略歴

湯浅博雄（ゆあさ・ひろお）

一九四七年生。東京大学文学部フランス文学科卒、同大学院博士課程、パリ第三大学博士課程修了（3^{e}cycle 博士論文提出）。東京大学名誉教授。フランス思想・文学、言語態分析。

著書──『他者と共同体』（未來社、一九九二年）、『反復論序説』（未來社、一九九六年）、『バタイユ──消尽』（講談社学術文庫）、『ランボー論』（思潮社、一九九九年）、『聖なるものと〈永遠回帰〉』（ちくま学芸文庫）『応答する呼びかけ』（未來社、二〇〇九年）、『翻訳のポイエーシス──他者の詩学』（未來社、二〇一二年）ほか。

訳書──『ランボー全詩集』（共編・訳、青土社、一九九四年）、ジョルジュ・バタイユ『宗教の理論』（ちくま学芸文庫、二〇〇二年）、同『エロティシズムの歴史』（共訳、哲学書房、二〇〇一年）、同『至高性』（共訳、人文書院、一九九〇年）、ジル・ドゥルーズ『ニーチェ』（ちくま学芸文庫、一九九八年）、ジャック・デリダ『滞留』（監訳、未來社、二〇〇〇年）、同『パッション』（未來社、二〇〇一年）同『信と知』（共訳、未來社、二〇一六年）ほか。

小森謙一郎（こもり・けんいちろう）

一九七五年生。東京大学教養学部卒業。同大学院総合文化研究科博士課程修了（学術博士）。現在、武蔵大学人文学部准教授。ヨーロッパ思想史、ユダヤ思想史、社会思想史。

著書──『デリダの政治経済学』（御茶の水書房、二〇〇四年）『アーレント 最後の言葉』（講談社選書メチエ、二〇一七年）ほか。

訳書──ヨセフ・ハイーム・イェルシャルミ『フロイトのモーセ』（岩波書店、二〇一四年）ほか。

【ポイエーシス叢書54】

エコノミメーシス

二〇〇六年二月二八日　初版第一刷発行
二〇一八年五月一五日　　　第二刷発行

定価……………本体二二〇〇円＋税
著者……………ジャック・デリダ
訳者……………湯浅博雄・小森謙一郎
発行所…………株式会社　未來社
東京都文京区小石川三―七―二
振替〇〇一七〇―三―八七三八五
電話（03）3814-5521（代）
http://www.miraisha.co.jp/
Email: info@miraisha.co.jp
発行者…………西谷能英
印刷……………精興社
製本……………榎本製本

ISBN978-4-624-93254-1 C0310

ポイエーシス叢書

（消費税別）

1 起源と根源　カフカ・ベンヤミン・ハイデガー　小林康夫著　二八〇〇円
3 ポスト形而上学の思想　ユルゲン・ハーバーマス著／藤澤賢一郎・忽那敬三訳　二八〇〇円
5 知識人の裏切り　ジュリアン・バンダ著／宇京頼三訳　三二〇〇円
10 余分な人間　『収容所群島』をめぐる考察　クロード・ルフォール著／宇京頼三訳　二八〇〇円
11 本来性という隠語　ドイツ的なイデオロギーについて　テオドール・W・アドルノ著／笠原賢介訳　二五〇〇円
12 他者と共同体　湯浅博雄著　三五〇〇円
13 境界の思考　ジャベス・デリダ・ランボー　鈴村和成著　三五〇〇円
16 ニュー・クリティシズム以後の批評理論（上）　フランク・レントリッキア著／村山淳彦・福士久夫訳　四八〇〇円
17 ニュー・クリティシズム以後の批評理論（下）　フランク・レントリッキア著／村山淳彦・福士久夫訳　三八〇〇円
18 フィギュール　ジェラール・ジュネット著／平岡篤頼・松崎芳隆訳　三八〇〇円
23 アウシュヴィッツと表象の限界　ソール・フリードランダー編／上村忠男・小沢弘明・岩崎稔訳　三二〇〇円
27 インファンス読解　ジャン＝フランソワ・リオタール著／小林康夫・竹森佳史ほか訳　二五〇〇円
29 マルティン・ハイデガー　伝記への途上で　フーゴ・オット著／北川東子・藤澤賢一郎・忽那敬三訳　五八〇〇円
30 よりよき世界を求めて　カール・R・ポパー著／小河原誠・蔭山泰之訳　三八〇〇円
32 虚構の音楽　ワーグナーのフィギュール　フィリップ・ラクー＝ラバルト著／谷口博史訳　三五〇〇円

33 ヘテロトピアの思考　上村忠男著　二八〇〇円
35 反復論序説　湯浅博雄著　二八〇〇円
36 経験としての詩　ツェラン・ヘルダーリン・ハイデガー　フィリップ・ラクー＝ラバルト著／谷口博史訳　三五〇〇円
40 グローバリゼーションのなかのアジア　カルチュラル・スタディーズの現在
伊豫谷登士翁・酒井直樹・テッサ・モリス＝スズキ編　二五〇〇円
43 自由の経験　ジャン＝リュック・ナンシー著／澤田直訳　三五〇〇円
45 滞留［付／モーリス・ブランショ「私の死の瞬間」］　ジャック・デリダ著／湯浅博雄監訳　二〇〇〇円
46 パッション　ジャック・デリダ著／湯浅博雄訳　一八〇〇円
47 デリダと肯定の思考　カトリーヌ・マラブー編／高橋哲哉・増田一夫・高桑和巳監訳　四八〇〇円
49 超越と横断　言説のヘテロトピアへ　上村忠男著　二八〇〇円
50 移動の時代　旅からディアスポラへ　カレン・カプラン著／村山淳彦訳　三五〇〇円
51 メタフラシス　ヘルダーリンの演劇　フィリップ・ラクー＝ラバルト著／高橋透・高橋はるみ訳　一八〇〇円
52 コーラ　プラトンの場　ジャック・デリダ著／守中高明訳　一八〇〇円
53 名を救う　否定神学をめぐる複数の声　ジャック・デリダ著／小林康夫・西山雄二訳　一八〇〇円
54 エコノミメーシス　ジャック・デリダ著／湯浅博雄・小森謙一郎訳　二二〇〇円
55 私に触れるな　ノリ・メ・タンゲレ　ジャン＝リュック・ナンシー著／荻野厚志訳　二〇〇〇円
56 無調のアンサンブル　上村忠男著　二八〇〇円
57 メタ構想力　ヴィーコ・マルクス・アーレント　木前利秋著　二八〇〇円

58 応答する呼びかけ　言葉の文学的次元から他者関係の次元へ　湯浅博雄著　二八〇〇円

59 自由であることの苦しみ　ヘーゲル『法哲学』の再生　アクセル・ホネット著／島崎隆・明石英人・大河内泰樹・徳地真弥訳　二二〇〇円

60 翻訳のポイエーシス　他者の詩学　湯浅博雄著　二二〇〇円

61 理性の行方　ハーバーマスと批判理論　木前利秋著　三八〇〇円

62 哲学を回避するアメリカ知識人　プラグマティズムの系譜　コーネル・ウェスト著／村山淳彦・堀智弘・権田建二訳

63 赦すこと　赦し得ぬものと時効にかかり得ぬもの　ジャック・デリダ著／守中高明訳　一八〇〇円

64 人間という仕事　フッサール、ブロック、オーウェルの抵抗のモラル　ホルヘ・センプルン著／小林康夫・大池惣太郎訳　一八〇〇円

65 ピエタ　ボードレール　ミシェル・ドゥギー著／鈴木和彦訳　二二〇〇円

66 オペラ戦後文化論1　肉体の暗き運命 1945-1790　小林康夫著　二二〇〇円

67 反原子力の自然哲学　佐々木力著　三八〇〇円

68 信と知　たんなる理性の限界における「宗教」の二源泉　ジャック・デリダ著／湯浅博雄・大西雅一郎訳　一八〇〇円

69 最後のユダヤ人　ジャック・デリダ著／渡名喜庸哲訳　一八〇〇円

70 嘘の歴史　序説　ジャック・デリダ著／西山雄二訳　一八〇〇円

71 沖縄思想のラディックス　仲宗根勇・仲里効編　二二〇〇円

72 ヘテロトピアからのまなざし　上村忠男著　四八〇〇円